歴史文化ライブラリー
132

秦の始皇帝

伝説と史実のはざま

鶴間和幸

吉川弘文館

目次

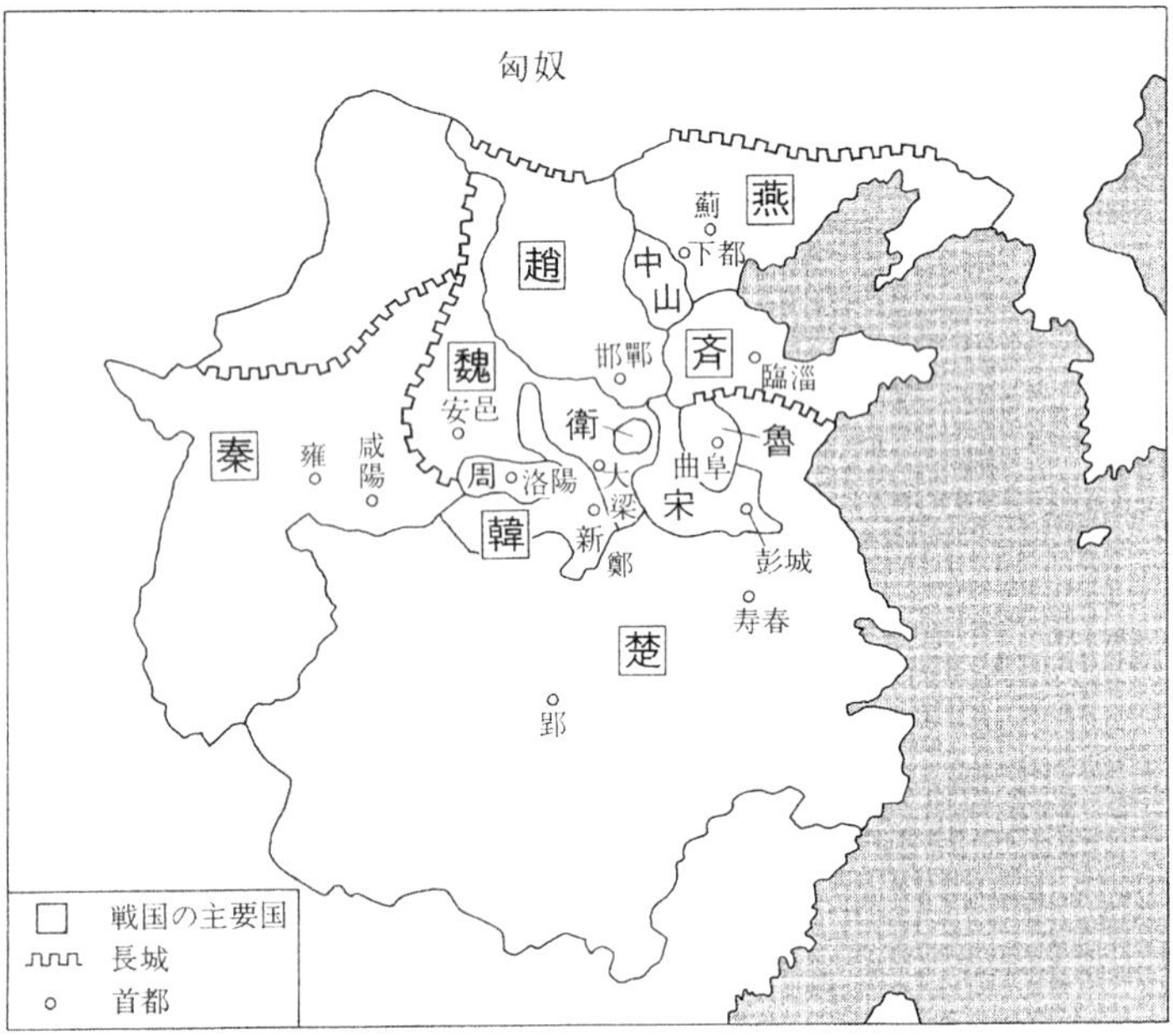

匈奴
燕
薊
下都
中山
趙
魏
斉
邯鄲
臨淄
安邑
衛
魯
秦
雍
咸陽
周
洛陽
大梁
曲阜
宋
韓
新鄭
彭城
寿春
楚
郢
戦国の主要国
長城
首都

戦国時代の中国

始皇帝の実像を求めて――プロローグ

文革中の二大発見

一九七三年、文化大革命のさなか、中国の大学ではつぎのような内容の詩が歌われていた――「秦《しん》の始皇帝《しこうてい》を罵《ののし》ってはならず、焚書《ふんしょ》事件を起こしたとしてもかれを批判してはならない、祖竜（始皇帝）が死んだといっても、その魂はまだ生きている、孔子の名声は高くても、かすぬかに過ぎない」というものだ。中国史上最初の皇帝、秦始皇帝に借りて毛沢東《もうたくとう》を賛美したものである。文化大革命では、暴君始皇帝という一般的評価は斥《しりぞ》けられ、中国をはじめて統一した有能な君主像が掲げられた。

そんなさなか偶然二つの重要な考古学的大発見があった。一つは一九七四年三月、偶然、林檎《りんご》畑の灌漑《かんがい》用井戸を掘っていたときに、多数の奇妙な兵士の俑《よう》が発見された。今まで見たこともない実物大の兵士や軍馬の陶器が、続々と地中から出てきたのだ。死後の始皇帝を守る地下軍団兵馬俑坑《へいばようこう》の発見である。

もう一つは翌一九七五年十二月、湖北省雲夢《うんぼう》県で小さな墓を掘ったところ、大量に秦代の法律の竹簡《ちくかん》文書が出土したものだ。秦代の一地方官吏の墓であるにもかかわらず、その学術的価値は兵馬俑に劣るものではない。中央では失われた法律文書が、地方に残されていたのであり、それまで史料が少なく漢代史の前史として付随的な位置しかなかった秦代の研究は隆盛を迎えることになった。

この二つの考古学的発見は、いずれもいまから二二〇〇年前の中国最初の皇帝、始皇帝と同時代の貴重な史料となった。発見した当時の中国が始皇帝の権力・法治政治を賛美するには、格好の材料が偶然発見されたわけである。兵馬俑坑にはただちに遺跡をおおうドームが建設され、一九七九年十月一日、国慶節の日に秦始皇兵馬俑博物館が開館することになった。一方、睡虎地《すいこち》という場所の秦墓から発見されたので睡虎地秦簡と呼ばれた竹簡文書も、ただちに北京に送られ、一級の古代史、古文字学の研究者が動員されて釈文《しゃくもん》づくりが始まり、二年後には『睡虎地秦墓竹簡』という成果が出版された。

図1　兵　　馬　　俑

筆者はこうした新しい時代の風潮を受けるなかで、中国古代史研究を始めた。大学院の学生のころ、一九七八年八月、最初に中国に足を踏み入れた広州のホテルの売店でこの『睡虎地秦墓竹簡』の本を見つけたときのことは忘れられない。線装本で帙《ちつ》入《い》りの装丁の高価な本を手にして、その晩は興奮して寝付けなかったことを覚えている。翌年十二月には西安を訪れ、開館したばかりの兵馬俑博物館ではじめて兵馬俑の軍団の威容にもふれた。しかし本格的に始皇帝の研究をテーマに選ぶきっかけになったのは、一九八五年四月から一年間、中国社会科学院歴史研究所で自由な研究の機会をもてたときのことであった。

漢代史の地域研究を進めていた筆者は、与えられた一年の間にできるだけ漢代の全国の史跡を歩き、漢帝国が地域的に大きく格差をもった社会を包み込んでいたことを明らかにしようとした。そのときに、漢代の史跡を見る許可を与えられるのであれば、一緒に秦代の史跡も申請リストに入れておこうと考えた。西安付近の始皇帝陵、兵馬俑、咸陽《かんよう》城、阿《あ》房宮《ぼうきゅう》などの史跡以外に、当時はなかなか現地に行くことができなかった鄭国渠《ていこくきょ》、雍城《ようじょう》と秦公一号大墓、櫟陽《やくよう》城などの史跡も入れておいた。そこで得た成果は、文献資料では語られることのない歴史の一端にふれられたことであった。

『史記』秦始皇本紀

始皇帝は紀元前二五九年正月、戦国時代（前四〇三〜前二二一）末、秦の王子として趙《ちょう》の邯鄲《かんたん》で生まれた。生涯五〇年（中国では数え年で数える）のうち二五年間は戦国秦の王として、後半生一二年間は統一帝国の皇帝として君臨した。実に多難な一生であった。九歳から十三歳までの四年間に曾祖父昭襄《しょうじょう》王、祖父孝文《こうぶん》王、父荘襄《そうじょう》王をつぎつぎに失い、十三歳で王位が回ってきた。三十三歳のときに暗殺未遂事件に遭遇し、三十九歳で天下を統一して皇帝となり、五十歳で病死する。こうしたかれの経歴は、前二一〇年の始皇帝の死の後、ほぼ一世紀経過して司馬遷《しばせん》が記録することになる。『史記』秦始皇本紀は、秦の残した『秦記』という史書の年代記を基準にし、地方に伝わっていた故事や史跡に残る刻石などを年代順に織り込んだものである。すでに一世紀という時間が始皇帝という人物を伝説化させていた。史実から離れてさまざまな話が生まれてくる理由は、なんといってもかれが中国史上はじめての皇帝であり、はじめて統一帝国を樹立したからである。秦という統一帝国は、西方の秦国が東方の六国を征服した結果生まれ、わずか一五年にして東方の勢力によってもろくも崩壊してしまったことから、始皇帝を有能な君主とも、暴君とも正負両面の評価が下されることになった。伝説というものは『史記』のなかでもすでに史実と一線を画すことが難しい。というより司馬遷自身、伝説と史実の間にきっちりした一線を引いていなかったようだ。

私たちが始皇帝研究で依拠する史料であるこうした『史記』の巻六秦始皇本紀《しんしこうほんぎ》は、一連の一二本紀の一つである。本紀とは帝王の年代記であり、五帝本紀に始まり、夏《か》本紀、殷《いん》本紀、周本紀、秦本紀のあとに秦始皇本紀、項羽《こうう》本紀、高祖《こうそ》本紀と続く。秦本紀までは王朝ごとの年代記であるが、その後は始皇帝、項羽、高祖劉邦《りゅうほう》という三人の帝王が単独で本紀に立てられている。司馬遷の秦始皇本紀執筆の目的は、始皇帝が秦王として即位してから、いかに他の六国に優位に立ち、天下を統一できたのか、そしてまた始皇帝の死後いかにして秦が崩壊していったのかを述べることによって、現漢王朝の正統性を主張することにあった。したがって『史記』のなかの始皇帝像は、統一事業を果敢に推進した有能な君主でありながら、厳格な法治主義を進めていった暴君としても描かれている。戦国時代を終焉《しゅうえん》させる過程では有能であっても、統一を維持するうえでは暴君となっていったという始皇帝像ができあがった。もっとも依拠しなければならない史料がすでに、漢代の人々のなかに神話化した始皇帝として描かれているのである。『史記』を読めば、始皇帝という人物を生き生きと理解できるが、すでに実像から離れてしまっている。

始皇帝への新たな視点

秦本紀と秦始皇本紀、すなわち始皇帝以前の戦国秦の歴史と、始皇帝の統一秦の歴史に分断されてしまった秦の歴史の記述を、いまいちど秦の時代の時代認識に立ち返るというのが、筆者の視点である。中国史上のファースト・エンペラーとして過大評価する前に、一戦国国王であった秦王・政《せい》という人間を見ていきたいのである。そこには果敢に統一を進めた君主像ではなく、統一に直面し、動揺し続けた人間的な君主の姿がうかがえる。

歴史という近代の学問は、過去の事実を史料の分析を通して明らかにしていくものである。しかし中国の伝統的な歴史（史）というものは、たんなる過去の事件の記録ではなく、なによりも過去に借りて現代を語るものであった。過去は過去としてあるのではなく、「古《いにしえ》は今の用と為《な》す」ものであった。始皇帝がこの二〇〇〇年にわたって絶えず語られてきたのは、始皇帝を評価したり貶《おとし》めたりして、現代の問題を語っていたのである。すでに司馬遷の時代にも、漢王朝を賛美するために、始皇帝の統一事業をいったん大きく評価して前王朝を位置づけ、続いて崩壊の理由を掲げながら秦（始皇帝から二世皇帝、子嬰《しえい》の三代）楚《そ》（項羽）漢（高祖）の王朝交替を説明しようとしたのである。もちろん『史記』は一級史料であることは否定できず、『史記』があるからこそこれだけ始皇帝のことを語れるのは事実である。しかしそのような目的で書かれた史料を、そのまま口語訳で紹介し、関連資料を付しても『始皇帝』という一冊の読み物にはなるが、それでは満足できない。いままでの始皇帝に関する書物が、『史記』のなかの伝説と史実とを十分見極めることなく、執筆されてきた点は反省しなければならない。

このような視点を見いだした筆者は、その後、始皇帝にとりつかれたように、現地調査を進めていった。一九九一年九月には一ヵ月かけて、始皇帝が統一後に行った巡行の経路を山東、江蘇、河北省で調査した。一九九三年には四川、雲南省で李冰《りひょう》伝説と秦が早期に植民地とした巴蜀《はしょく》の史跡を調査した。この期間は、秦の咸陽《かんよう》周辺をしばらく離れ、秦が支配した四川や東方六国の側から秦の歴史を見直すことができた。そして統一秦の革新性よりは伝統性を強調すべきという筆者の見解は、一九九四年八月の秦兵馬俑研究国際学術討論会で「始皇帝陵建設の時代」という報告でも明らかにした。始皇帝陵や兵馬俑坑の壮大な威容にばかり目を奪われがちであるが、実は始皇帝陵は建造の当初は一戦国国家秦の王陵として出発したのであり、最後に皇帝陵として工事をまとめたのは二世皇帝であったことを述べた。

この年は兵馬俑発掘二〇周年に当たり、日中双方でいろいろな記念行事があった。日本では「秦始皇帝とその時代展」が開催され、それにあわせてシンポジウムが東京をはじめ各地で行われた。始皇帝研究を進めていた筆者は、その仕事にも関わることになった。中国から一線級の学者を招聘し、日本側の研究者とともに始皇帝をめぐる諸問題を議論した。その後一九九六年八月には戦国秦の長城遺跡を見るために、中国の研究者とともに寧夏・陝北二五〇〇キロをまわる調査を行い、一九九七年から三年間は、黄土高原における都市と生態環境史というテーマとして秦の咸陽城、鄭国渠、戦国秦の都雍城、早期秦の天水、礼県の史跡を調査した。

『史記』など既存の文献資料と同時代の出土資料や遺跡から始皇帝の時代を読み直していくと、始皇帝がいかに伝説化された帝王であるかということが痛感できた。各地の始皇帝に関係する史跡を歩いてみると、同時代の史跡のほかに、漢代以降の始皇帝伝説の存在にぶつかった。結局この『史記』秦始皇本紀にはじまる始皇帝伝説を一つ一つ、その真偽や由来を明らかにしていかないかぎり、始皇帝という人間には迫ることができないことに気づいた。伝説には後世の人々が作り出した虚構や粉飾の部分がある一方で、だからといってその部分を無下に排除できないのは、史実に基づいている部分もあるからだ。この判断が実に難しいが、重要な作業である。

伝説の画像

一九九九年夏、秦の阿房宮前殿の遺跡を歩いたときに、その南に復元した阿房宮前殿の建物を見つけ訪れてみた。復元した建物にはあまり関心はなかったが、その中央広場の左右の側壁に並んだ壁画にはついつい目を留めてしまった。そこには始皇帝を中心に戦国秦から二世皇帝にいたる一連の伝説故事が一枚一枚の大画面に描かれてあり、それぞれ題名がつけられていた。始皇帝に関わるものには、鄭国渠《ていこくきょ》（スパイの鄭国による灌漑工事）、諫逐客令《かんちくかくれい》（李斯《りし》が逐客令――外国人排斥令――を諫《いさ》める）、嫪毐之乱《ろうあいのらん》、荊軻刺秦《けいかししん》（荊軻《けいか》の秦王暗殺未遂事件）、王翦乞田《おうせんきつでん》（秦将王翦《おうせん》が出兵前に田を乞《こ》う）、王翦伐楚《おうせんばつそ》（王翦が楚《そ》を攻める）、横掃六合《おうそうろくごう》（秦が六国を滅ぼす）、廃分封設郡県《はいぶんぽうせつぐんけん》（封建制を廃して郡県制を布く）、統一文字貨幣度量衡（文字・貨幣・度量衡《どりょうこう》の統一）、消兵器鋳銅人《しょうへいきちゅうどうじん》（兵器を溶かして銅人を鋳《い》る）、馳道直道《ちどうちょくどう》（道路網の整備）、遷豪消強《せんごうしょうきょう》（豪族を咸陽に移住させる）、秦始皇帝《しんしこうてい》（秦王政、皇帝号を称す）、頒施秦律《はんししんりつ》（秦の法律を発布する）、始皇巡出《しこうじゅんしゅつ》（始皇帝の全国巡行）、泰山封禅《たいざんほうぜん》（泰山で封禅の礼を行う）、徐福東渡《じょふくとうと》（徐福《じょふく》東の海に渡る）、博浪秦錐《はくろうしんすい》（始皇帝博浪で盗賊に襲われる）、焚書坑儒《ふんしょこうじゅ》（書物を焼き儒者を穴埋めにする）、築長城《ちくちょうじょう》（万里の長城の建設）、北逐匈奴《ほくちくきょうど》（北方の騎馬民族匈奴《きょうど》との戦争）、秦服百越《しんふくひゃくえつ》（秦、百越を征服する）、史禄建霊渠《しろくけんれいきょ》（史禄に霊渠を作らせる）、扶蒙沈冤《ふもうちんえん》（扶蘇《ふそ》と蒙恬《もうてん》の冤獄事件）、海神《かいじん》（海神との戦い）、沙丘駕崩《さきゅうがほう》（始皇帝沙丘で崩御する）、驪山建陵《りざんけんりょう》（始皇帝陵の建設）、阿房建設《あぼうけんせつ》（阿房宮の建設）、二世皇帝の伝説では、指鹿為馬《しかいば》（趙高、二世皇帝に鹿を献上して馬と偽る）、望夷之《ぼういの》禍《か》（二世皇帝、望夷宮で趙高に殺される）、秦末では、陳勝呉広起義《ちんしょうごこうきぎ》（陳勝《ちんしょう》と呉広《ごこう》の反秦反乱蜂起）、劉邦入関《りゅうほうにゅうかん》（劉邦が函谷関《かんこくかん》を越え関中《かんちゅう》に入る）、巨鹿之戦《きょろくのせん》（秦の章邯《しょうかん》軍、趙と鉅鹿《きょろく》で戦う）、鴻門宴《こうもんのえん》（項羽と劉邦の会見）などである。この故事の壁画を追うだけで秦の歴史を語ることができる。

この現代の画家の描いた壁画を見たときに、後漢時代の画像石を思い起こした。そこにはすでに今から二〇〇〇年も前に、荊軻が秦王政を暗殺しようとして未遂に終わった事件や始皇帝が周鼎《しゅうてい》を引き上げたが失敗に終わった事件、また始皇帝が夢に見た海神との戦いの場面などが画像化されていたのである。また洛陽の前漢末の壁画墓にも秦末の鴻門《こうもんの》宴《えん》の場面が描かれている。さらにのちの時代にもこのような始皇帝に関する画像は多い。北宋時代の坑儒焚書の図（パリ国立図書館蔵）では暴君始皇帝の眼が塗りつぶされている。始皇帝の肖像は明代の『三才図会《さんさいずえ》』にも見ることができる。これほど画像表現しやすい始皇帝伝説を一つ一つ分析し、始皇帝の実像に迫りながら、始皇帝の時代の実像を明らかにしていくことはできないだろうか。しかし上にあげられた事件のなかには、史実と伝説のはざまにあってその真偽を見極めるのが難しいものがある。たとえば一見、沙丘崩御は限りなく史実に近く、海神との戦闘は限りなく伝説に近い。しかし沙丘崩御時の始皇帝の死因は病死と伝えられるだけで、よくわかっていない。そしてその直前に海神との戦闘の夢を見た始皇帝が、之罘《しふ》で大鮫《おおざめ》を射たことは史実かどうかわからないけれども、司馬遷の書き方はあたかもたたりがあったように病死の記事につなげていく。このようなときに役立つのは、『史記』から離れた第三の考古資料や現地の史跡である。湖北省雲夢県竜崗秦墓からは「沙丘苑」と記した同時代の竹簡が発見されたし、山東省の後漢画像石には海神の戦闘場面がうかがえる。

司馬遷と始皇帝――史料の縦軸と横軸

司馬遷は『史記』のなかで秦の歴史を記述するにあたり、本紀（帝王の年代記）、世家《せいか》（諸侯の歴史）を縦軸にし、列伝（個人の伝記）を横軸とした。すなわち秦室の年代記を秦本紀、秦始皇本紀という編年体でまとめる一方、列伝のなかで商君（商鞅《しょうおう》）（巻六八）、白起《はくき》・王翦《おうせん》（巻七三）、呂不韋《りょふい》（巻八五）、李斯《りし》（巻八七）、蒙恬《もうてん》（巻八八）といった秦にかかわった人物を描き出している。

王翦伝では始皇帝に仕えた名将軍王翦・王賁《おうほん》父子の立場から、六国のうち趙《ちょう》、燕《えん》、楚《そ》を滅ぼした統一戦争の功績を記述している。六〇万の大軍を率いて咸陽を出発し楚に向かう老将軍王翦と、かれを灞水《はすい》のほとりまで見送る秦王政（始皇帝）との間のやりとりは、王翦の思慮の深さを描きながら、同時に臣下を信頼しきれない秦王政の性格を浮き彫りにしている。出発にあたって執拗に美田を報酬としてねだった王翦の意図は、子孫の蓄財に執着していると見せかけて、秦を空にして六〇万の大軍を国外に出すことを秦王に疑われまいとする用意周到な深慮にあった。呂不韋伝では、陽翟《ようてき》の大商人呂不韋が趙都邯鄲に秦の質子《ちし》とされていた子楚《しそ》（荘襄王）に投資して王位につけ、みずからは荘襄王、秦王政二代の丞相《じょうしょう》にまで上り詰めながらも、嫪毐《ろうあい》の乱に連座して自殺させられるにいたった生涯が描かれている。この伝記は呂不韋自身の伝記であると同時に、秦王政が王位について親政にいたったドラマティックな政治史となっている。李斯伝でも、楚の上蔡《じょうさい》の出身で、郡の小吏にすぎなかった李斯が、荀子《じゅんし》から学んだ帝王の術をもって秦に入り、秦王政のブレーンとなって富貴を極めていく出世劇を描いた後に、始皇帝の死とともに転げ落ちるように失脚していく人間を浮かび上がらせる。この個人史はまさに秦が勢いに乗って天下を統一するものの、短期間に帝国が瓦解していく歴史と二重写しとなっている。李斯という人間に始皇帝が投影されているといってもよい。逐客令《ちくかくれい》（外国人追放令）に反対する建議をした李斯の弁論の巧みさに比べると、趙高《ちょうこう》の権力に屈していった最晩年の李斯の姿は、何とも痛ましい。蒙恬列伝では、斉を攻撃するなど統一戦争での活躍は簡単に述べるだけで、もっぱら統一後の対匈奴戦争における長城や直道建設への貢献に焦点が当てられる。そうした蒙恬も、最後は二世皇帝から陽周に繋がれて自殺を迫られる。

一方、秦が征服した東方諸国の歴史は世家に収められている。燕《えん》（巻三四）、楚《そ》（巻四〇）、趙《ちょう》（巻四三）、魏《ぎ》（巻四四）、韓《かん》（巻四五）、田斉《でんせい》（巻四六）の各世家である。秦始皇本紀を縦軸としたら、諸世家もこれに平行して縦軸を支えるものである。しかし世家の記述は各国の史書に基づいたものではないので、被征服地の側からの記述はなく、あくまでも統一者秦の側から統一事業を記述した内容を裏返してそのまま世家に再述しているにすぎない。たとえば「韓桓恵王《かんけいおう》二九年（前二四四）、秦、我が十三城を抜く」（韓世家）、「魏、景王元年（前二四二）、秦、我が二十城を抜く」（魏世家）、「（趙孝成王）二十年（前二四六）、秦王政初めて立つ。秦、我が晋陽《しんよう》を抜く」（趙世家）、「（楚王負芻《ふすう》）四年（前二二四）、秦将王翦、我が軍を蘄《き》に破る」（楚世家）、「（燕喜王）二十九年（前二二六）、秦攻めて我が薊《けい》を抜き、燕王亡《に》ぐ」（燕世家）、と一見東方六国の側の史料を直接引用したように記述しているが、これは『秦記』の戦争記事を「我」という字を挿入して六国の側から裏返したた表現である。始皇帝は焚書令のときに東方諸国の史書を焼却してしまっており、司馬遷の時代に東方すべての国の史書が残っていたとはおもわれない。秦王政即位以降の世家の記事は簡単な内容であり、ほとんど秦の占領記事にすぎない。東方六国の側から統一戦争を記録した記事は見あたらない。

秦始皇本紀の記事の比重と内容

では『史記』の一二の本紀のなかで、秦始皇本紀の占める割合はどのくらいあるだろうか。図2は、本紀の全文の字数計算から出したものである。もっとも多いのが秦始皇本紀の一万三〇七二字、その後に高祖本紀（九四五八字）、項羽本紀（八九九五字）と続く。司馬遷が『史記』の記述のなかで、秦始皇帝の歴史にいかに力を注いでいたのかがわかる。また始皇帝と項羽、高祖劉邦は同時代の人物であり、秦・楚・漢の交代期の記述の比重が高いことも注目しておきたい。さらに秦本紀と秦始皇本紀の二つをあわせ、また漢代の五つの本紀を足して合計し、王朝別の字数の割合を算出してみると、司馬遷の同時代前漢の記述三五・八％に続くのが、まさしく秦の二八・三％であり、そして項羽の楚の一一・九％が続く。夏・殷《いん》の記述は材料が限られていたことを考えると、秦の歴史の材料は、それだけ豊富な史料に基づいていたかがわかるであろう。では戦国七雄の横並びの比較では、どうであろうか。秦本紀と六つの世

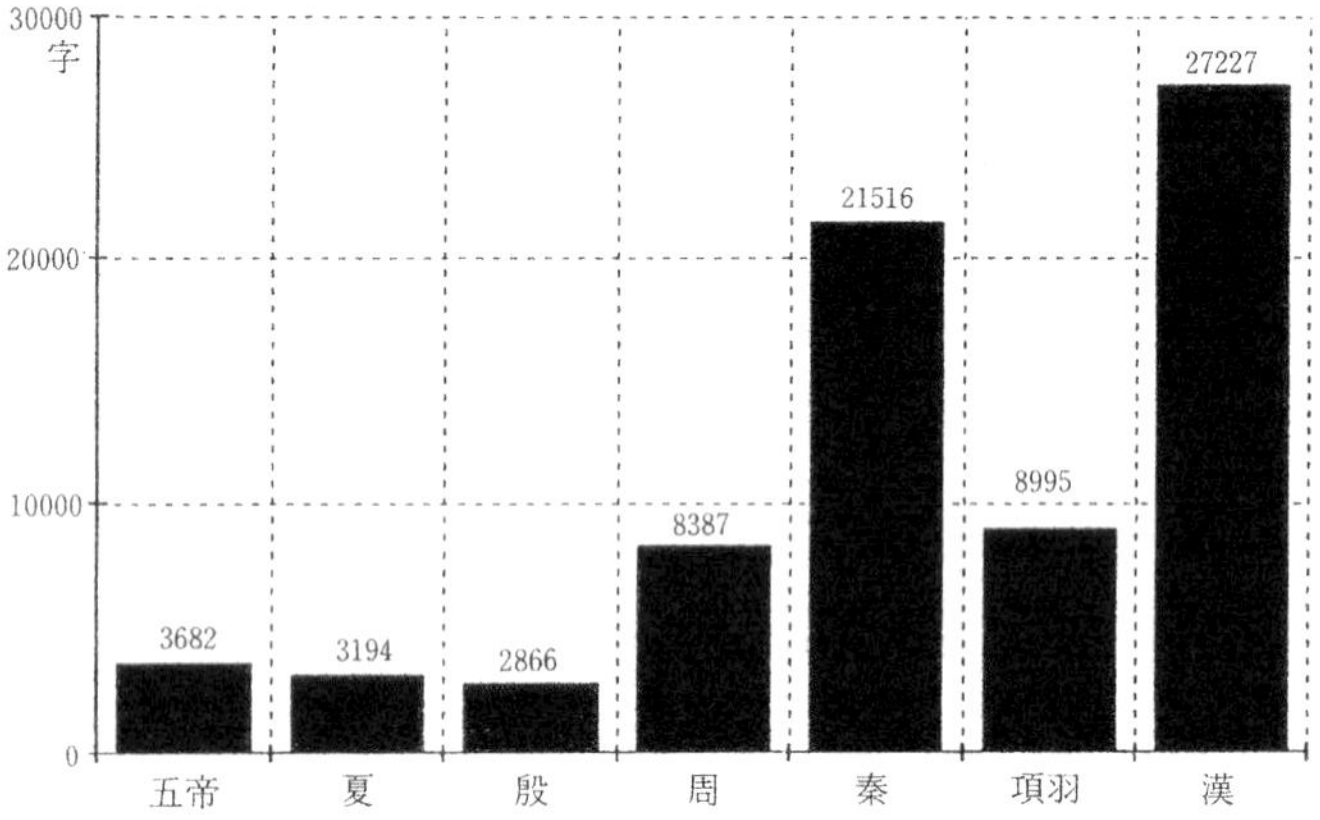

図２　『史記』中での記事割合

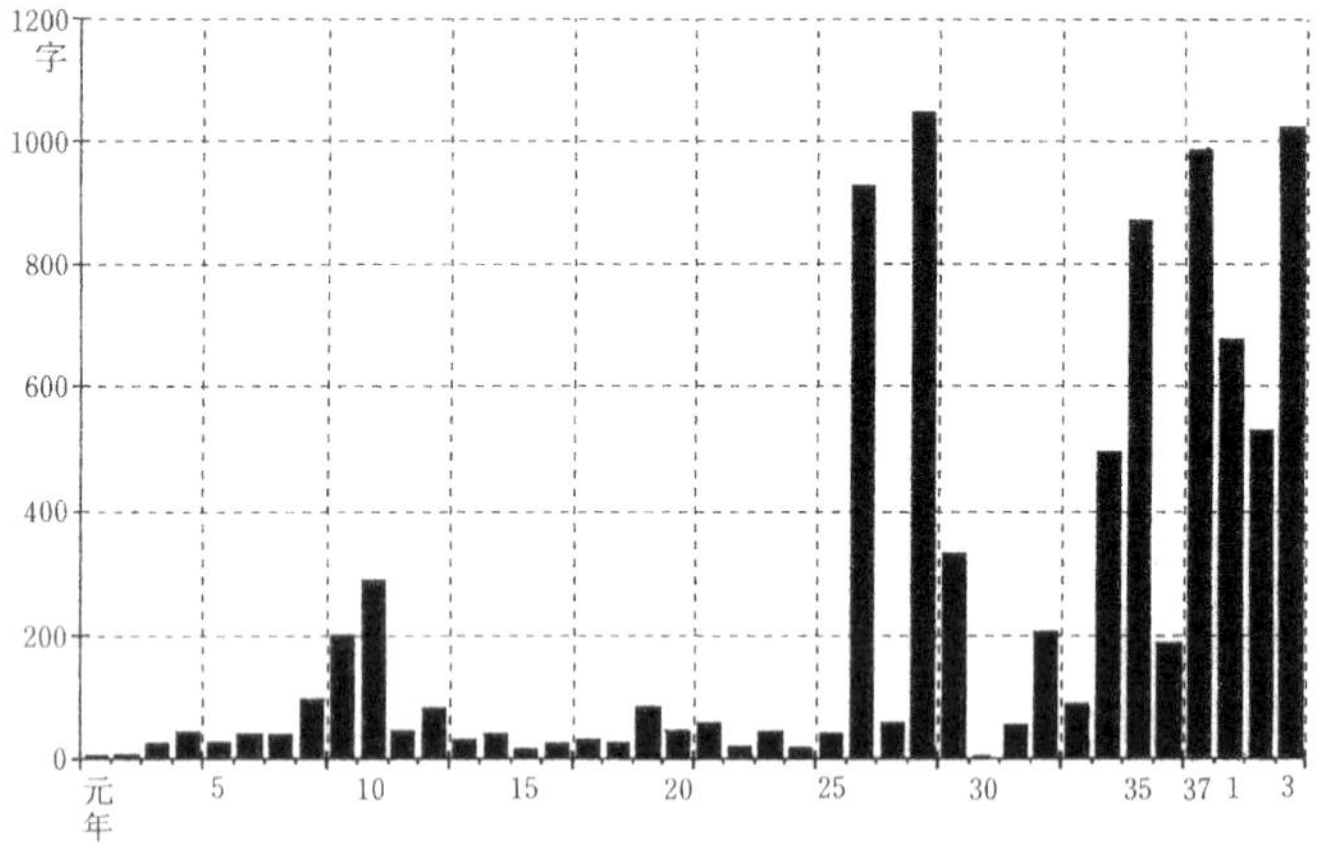

図３　秦始皇本紀各年の字数の変化

家のなかで、もっとも多いのが趙であり、楚、秦と続く。しかし秦本紀に秦始皇本紀を足してみれば、秦の比重の高さは圧倒的である。戦国各国の史書はもともと史記と総称されていたが、なかでも司馬遷は秦の史記である『秦記』に依拠するところが大きかった。

つぎに秦始皇本紀の記事の内容を見てみよう。始皇帝の本紀は、始皇帝の治世三七年と二世皇帝の三年、あわせて四〇年の年代記である。始皇元年から三十七年までと、二世元年から三年までの年代のもとに記事が収まっている。始皇何年という年号は、司馬遷が秦の歴史を整理するにあたって使った年号であり、同時代には今《きん》何年といっていた。今とは今王のことである。睡虎地秦墓出土竹簡の編年記という年代記では、昭王、孝文王、荘王という謚号《しごう》（おくりな）で年代を表記しているが（『史記』六国年表でも昭襄王のことを昭王というが、周にも昭王、荘王がいるので、昭襄王、荘襄王といった方が区別できる）、墓主と同時代の始皇帝の年代は今元年から二年、三年と数えて三十年で終わっている。始皇帝という号は死後のものであり、生前では始皇何年と呼ぶことはない。しかしここでは司馬遷の『史記』の記述に従って、始皇何年と便宜上呼んでおこう。

始皇元年から三十七年と、二世皇帝の三年間の総字数を見てみると、各年の記事の分量は平均していない（図3）。始皇九、十、二十六、二十八、三十二、三十四、三十五、三

十六、三十七、二世元、二、三年の字数が三桁になっており、なかでも二十六、二十八、三十五、三十七、二世三年は一〇〇〇前後にのぼる。この不均衡はもともとの秦記の記事の不均衡ではなく、司馬遷の力の入れ方の違いであり、挿入した記事による。故事伝説、刻石文、詔書、上奏文などで増加したのであって、これらを除けば字数にそう大きな開きはない。挿入した一次史料のなかでも、故事伝説の部分はかなり多い。民間に伝わる故事伝説は、始皇帝や二世皇帝を貶《おとし》めるものが多く、刻石文、詔書、上奏文など秦の側の史料とは区別しておく必要がある。視点の異なる史料を区別なく用いてはならない。そのような故事史料の検討をもとに記述を進めていきたい。

秦王政と戦国という時代

秦王政の誕生

秦王政、邯鄲に誕生（前二五九年）

秦王嬴政《えいせい》（嬴は姓、政は名）は曾祖父が秦王だった時代、昭襄王四十八年（前二五九）正月に趙《ちょう》の都邯鄲《かんたん》で生まれた。正月一日に生まれたので正と同音の政を名前としたと伝えられる。『戦国策《せんごくさく》』では名前を正としているが、近年出土の秦の時代の竹簡文書《ちくかんもんじょ》では正の字を忌避している部分もあるので、政ではなくて正であった可能性もある。君主の名前は死後に諱《いみな》といい、その文字の使用を避け、同じ意味の別の文字に換えた。これを避諱《ひき》という。湖北省雲夢県睡虎地《すいこち》秦墓出土竹簡のなかの語書という文書には、矯正というところを矯端と改めている。ただし編年記などには正月として正字を避けていない部分もある。また一九九三年湖北省荊《けい》州《しゅう》市で発掘された周家台《しゅうかだい》三〇号墓から出土した木簡に、秦二世元年の暦譜があり、正月と書くべき箇所を端月としてあった。これは二世皇帝の時代に始皇帝の名の正を避けて正月とはいえず、端月（始まりの月の意味で端月といったのであろう）と言い換えたのである（『文物』一九九九年第六期）。この端月は『史記』秦楚之際月表の二世皇帝元年から三年までの正月の別名として見え、唐司馬貞の『史記索隠《さくいん》』で、秦は正を諱《い》んで端月といったのだと説明されている。同じ湖北省江陵張家山漢簡に見える秦王政六年の文書に、里正《りせい》という里の役人を里典としているのも、正の字を避けたからだ（『文物』一九九五年第三期）。
秦王政（正）の誕生から、こうした伝説にはことかかない。

図4　始皇帝関係系図

孝公〔前三六一―三三八〕―恵文君・恵文王〔前三三八―三二五〕〔前三二四―三一一〕┬悼武王〔前三一一―三〇七〕
└昭襄王（昭王）〔前三〇六―二五一〕―孝文王〔前二五一〕―荘襄王〔前二五〇―二四七〕―**始皇帝**〔前二四六―二一〇〕┬○―子嬰〔前二〇七〕
└二世皇帝（胡亥）〔前二〇九―二〇七〕

『史記』楚世家では、「秦王趙政立つ」といっている。秦王政は趙の国で生まれたので趙政ともいったといわれる。しかし一説に秦と趙は祖先を同じくし、趙城を封ぜられたので趙姓をとったともいう。前者の説は漢代の『淮南子《えなんじ》』人間訓にある「秦王趙政、天下を兼《けん》呑《どん》するのみ」という文章に、後漢の高誘《こうゆう》が注釈したものだ。生まれた地名を姓にすることはないので、後者の方が理解できる。また秦王政は嬴政《えいせい》ともいった。嬴は有り余る意味で、馬を周のために養って繁殖させた功績で非子に与えられた姓であった。非子は秦という土地と趙という姓を賜った。西周の時代のことである。

政の父親はのちに秦王（荘襄王）となった子楚、かれが孝文王の子として人質となって趙都邯鄲に滞在していたときに、商人呂不韋《りょふい》の姫（同棲していた邯鄲の豪家の娘）をみそめた。『史記』呂不韋伝では秦王政の出生の秘密を説明し、呂不韋が子楚の将来を見込んで自分の子を身ごもっている姫を子楚に差しだしたと伝える。一二ヵ月で生まれたというのも、この出生伝説を信頼して書いたものであろう。秦王政の実の父親が実は呂不韋であったという出生伝説は後漢時代には定着し、秦王政をわざわざ父親とされた呂不韋の姓をとって呂政という言い方もあった。始皇帝が秦王荘襄王の子であったのか、商人呂不韋の子であったのかは、始皇帝の出生伝説として考えておくべきであろう。司馬遷が後者の説をなぜ採用したのだろうか。前漢時代には始皇帝を貶《おとし》める見方が広がっていくが、そのなかで秦の王系が実は途絶えていたのだという伝説として始皇帝の出生も考えておきたい。

同じような伝説は楚にもあった。秦王政と同時代のことで、楚の考烈王（前二六三～前二三八）に跡継ぎができないことを心配した丞相春申君《しゅんしんくん》は、自分の子を身ごもった趙の李園の妹を王に差しだし、それとは知らずに考烈王はその子を太子に立て、王の死後霊王（前二三八～前二二八）となった。春申君の方は、ちょうど秦で嫪毐《ろうあい》の乱が起こり、呂不韋が失脚したころ、口封じのために李園がさしむけた刺客に殺されてしまった。司馬遷は自ら春申君の古城と宮室を訪れているから、地元でこの故事を詳しく聞いたのであろう。ちょうど秦の丞相呂不韋と太后の子が始皇帝であったと伝える故事となんと酷似していることだろうか。前漢末に劉向《りゅうきょう》によってまとめられた『戦国策《せんごくさく》』では、考烈王のこの故事に続けて、この事件はちょうど秦始皇が即位して九年目のことであり、嫪毐《ろうあい》によって秦も混乱したと補足している。

先にあげた『淮南子』では始皇帝のことを趙政と呼んでいたが、そこにも実は酷似する故事がからんでいた。『淮南子』という書物は、前漢の淮南王劉安《わいなんおうりゅうあん》のもとに集まった人々の思想を集大成したものである。劉安は前漢の武帝の伯父であるが、同じ劉氏一族とはいえ中央政府からは、隙があれば領地が削減される存在であり、結局謀反のかどで自殺させられてしまった。その劉安の父親、淮南厲王《れいおう》劉長の境遇が秦王政と少しばかり似ている。劉長は高祖劉邦《りゅうほう》の末子であった。高祖が趙の国を通ったときに、趙王張敖《ちょうごう》から美人（女官）の趙氏を差しだされ、身ごもって生まれたのが劉長であった。高祖は趙国で謀反が起こったこともあって当初趙氏を取り合わなかったので、趙氏は自殺してしまった。後に高祖は後悔して皇后の呂后《りょこう》を劉長の養母とした。これをきっかけにして、劉長は勢力を拡大していくが、結局最後は蜀《しょく》に流され、食を絶って死んでしまった。このような劉長の境遇を考えると、秦王政は趙で生まれたから趙政といったのではなく、趙の出身の母親から生まれたから趙政とわざわざいい、劉長と重ね合わせて同情的に扱われていたのかもしれない。

秦王政の出生の秘密はあったとしても、『秦記』に記録されるはずもない。秘密が伝説化した可能性もないわけではないが、むしろ風聞が後世に伝わっていったと考えるべきであろう。秦の征服に反感をもった東方の人々は、秦王室の王位継承の純血性を揺るがす話を創作していったのではないだろうか。司馬遷は秦王政の周囲の政治勢力の交替劇を描くときに、秦王の出生の秘話をポイントにしたのである。商人呂不韋は秦に入り、秦王政のブレーンとして活躍していった。

秦王政即位の背景（始皇元年、前二四六）

秦王政が生まれたのは先にふれたように曾祖父の昭襄王の時代であった。昭襄王の在位年数は五六年と長い。その後、孝文王の一年、荘襄王の三年を挟んで秦王政＝始皇帝の治世三七年が続く。昭襄王の死から秦王政の即位までの短い期間に、いったい何が起こったのだろうか。不思議なことにあまり問題にされていない。

昭襄王が亡くなったのは昭襄王五十六年の秋、前二五一年のことであり、荘襄王が亡くなって秦王政が即位したのは前二四七年、翌年の前二四六年が始皇元年ということになる。この前二五一年から前二四六年までの間にどのような事件があったのだろうか。

『史記』六国《りっこく》年表によれば、昭王五十六年、孝文王元年、荘襄王元年・二年・三年、始皇帝元年と年代は続く。『史記』は漢代に編纂され、のちに修正が加えられているので、本来の年表の形は、始皇帝の時代に書かれた竹簡史料が役立つ。湖北省雲夢睡虎地秦墓出土の編年記という竹簡の年代記を見ると、やはり昭王五十六年、孝文王元年、荘王元年・二年・三年、今《きん》元年と続く。始皇帝の生存中はまだ始皇帝ではなかったので、年号を数えるのに今何年と呼んでいた。同時代の生々しい雰囲気が伝わってくる。問題は六枚の竹簡をそのまま六年間の時間の経過として見てよいかということであり、そのことが秦王政の即位の事情とかかわっていることだ。

『史記』に見える数多くの年代矛盾を体系的に整理された平勢隆郎氏の研究にしたがって、六枚の年代の竹簡を読み直してみよう（『新編史記東周年表――中国古代紀年の研究序章――』東京大学出版会、一九九五年。『中国古代紀年の研究――天文と暦の検討から――』汲古書院、一九九六年。『「史記」二二〇〇年の虚実　年代矛盾の謎と隠された正統観』講談社、二〇〇〇年）。平勢氏の整理のポイントは、戦国期に立年称元法《りつねんしょうげんほう》から踰年《ゆねん》称元法へと年号の数え方が変わったことである。立年称元法とは王が立った年にすぐに年号を元年と称する方法であり、踰年称元法は年を踰《こ》してから元年と称する方法である。昭襄王のときはすでに踰年称元法に変わっていたから、昭襄王の死から秦王政の即位、改元までを整理してみたい。当時の秦の暦は冬の始まりの十月が年始、秋の終わりの九月が年末であったことも頭に入れておかなければならない。まずは昭襄王五十六年の秋に昭襄王は亡くなり、子の孝文王が喪の明けた十月己亥《きがい》の日に即位した。編年記によれば昭王五十六年には年末に閏月が後九月として入っていたから、喪の期間は昭襄王の死去した秋が七月だとすると、喪の期間は最大限四ヵ月はあった。孝文王は年始の十月に改元して元年と呼んだ。しかし三日後の辛丑《しんちゅう》の日に孝文王は急死したので、荘襄王が即位することになる。三日しか即位しなかった孝文王のために、残りのほぼ一年を元年と呼んでおかなければならなくなった。三日のために年表では一枚の竹簡が当てられたことになる。荘襄王は即位して一年後の十月にはじめて元年と称することになった。その荘襄王三年の五月丙午《へいご》、荘襄王は亡くなった。秦王政は即位し、五ヵ月後の十月に年が改まって元年と称した。とすると昭襄王と秦王政の間の時間、わずか実質三年半のうちに、秦王政の祖父と父の短い治世があったことになる。その間の記録は少ない。孝文王が三日で死去したことには、なんの説明もない。『史記』秦本紀では「孝文王、喪を除き十月己亥即位し、三日にして辛丑卒《しゅっ》す。子の荘襄王立つ」と記すだけであり、編年記でも「立ちて即《すなわ》ち死す」とあるだけだ。もし孝文王元年がなかったとしたら、荘襄王も即位できなかったし、秦王政に王位は回ってこなかった。孝文王は太子である兄が亡くなったので次子である彼に王位が回ってきた。その孝文王には二十数人の子供があり、中男の子楚には王位につける可能性はなかったが、もっとも寵愛されていた華陽夫人に子がなかったこと、それに目をつけた呂不韋の策謀で、子楚を世継ぎにした孝文王と華陽夫人によって秦王政の父荘襄王が誕生した。その意味でも秦王政の即位にとって孝文王の三日の治世は重要であり、竹簡一枚の価値が十分ある。

鄭国と治水灌漑工事（前二四六〜前二三七年？）

戦国末に韓の間諜《かんちょう》の鄭国《ていこく》が秦王政のもとに送られ、秦の軍事力を弱めるために灌漑《かんがい》施設を建設した。このいわゆる鄭国渠《ていこくきょ》の灌漑工事に関しては、秦始皇本紀には記事はなく、六国年表の始皇帝元年の条に簡単に「鄭国渠を作る」と記しているだけである。秦王政が即位してはじめての大きな土木事業であった。鄭国渠を作った鄭国が実は韓国の送り込んだ間諜であったことが発覚し、秦国の政治問題までエスカレートしたより詳しい話は、『史記』河渠《かきょ》書と李斯《りし》列伝の方に見える。この二つの記述のスタイルは異なっている。

河渠書は歴代の水利事業の通史をまとめたものであるから、秦の国力を弱め東進を阻むために間諜として送られた鄭国が、水利技術者（水工）として灌漑事業を成功させた面が強調されている。発覚して殺されそうになった鄭国は一言、「臣ははじめは間諜としてやってきましたが、渠が成功すれば秦の利益になるのです」と説得した。秦はこのことばで鄭国を許すことになる。司馬遷は最後に、この工事が関中を沃野《よくや》にし凶年もなくなり、秦を富強にしたので、戦国諸侯の統一に成功できたのだとまとめている。

一方、李斯列伝では、まったく別の文脈でこの事件が語られる。鄭国の間諜発覚事件をきっかけに、秦国出身の王室や秦国出身の大臣たちは外国人の追放を求めた。秦は外国から多くの人材を受け入れてきたので、秦国出身者たちから反発が起こったのである。ここに登場したのが、客卿《きゃくけい》李斯、自らも対象となった逐客令《ちくきゃくれい》（外国人追放令）に猛反対する大演説を行う。秦が歴代いかに外国の人材を登用してきたのか、外国の物産を輸入してきたのかを秦王政に訴える。秦王政は結局李斯の上書を受け入れることになる。始皇十年（前二三七）のことであった。

これらの故事を総合して考えてみると、鄭国は本当に間諜であったのだろうかという疑問を拭《ぬぐ》いきれない。逐客派の王室や大臣たちが、鄭国に間諜というレッテルを貼って、逐客令を引き出した可能性もないわけではない。韓国は黄河下流域の国であり、旱魃《かんばつ》と洪水の常襲地区であり、水利先進国である。水利技術は技術者によって伝わっていく。

古代の鄭国渠は現在も現地で生きていた。陝西《せんせい》省涇陽《けいよう》県には秦以来、漢、北宋、元、明の歴代の取水口の遺跡があり、現在でも涇恵渠《けいけいきょ》という施設が機能している。秦代の取入口は、涇水が山地から盆地に出た所で、瓠口《ここう》というひさごのように湾曲した箇所が選ばれたのは、春の渇水時にも沿岸から水を引き入れやすいからである。当初、地上に点々と続く暗渠《あんきょ》の井戸の跡が鄭国渠の遺跡だとされたが、現在では修正され、断崖の地層面に鄭国渠の取水口の断面が確認できる。ここから東南の微傾斜の渭北《いほく》平原の洛水《らくすい》まで三〇〇里（約

図5　鄭国渠の取水口（想像図）

図6　現在の涇水と鄭国渠の跡（上と同じ位置）

一二〇キロ）を流した。ただしこの渠道の復元は難しい。現在の涇恵渠よりは山寄りを東西に流れていたことは確かであるが。この地は塩害で地上に塩が吹き出るほど乾燥した土壌であり、灌漑と同時に地下水の上昇で吹き出た塩分を洗い流す作用もあった。この工事の高度な原理を見ていると、鄭国が間諜であることには何の疑いもなく語られてきたが、水工鄭国が秦国内の政争に巻き込まれていったのではないかとおもわれる。

韓は秦の軍事大国化を防ごうと鄭国を派遣したというが、のちにふれるように韓は、東方六国のなかで、最初に秦に滅ぼされてしまうことになった。

始皇帝の母太后と嫪毐の乱（前二三八～前二三七年）

秦王政の母は趙の邯鄲の豪家の女《むすめ》であり、もともと呂不韋の姫であったという伝説についてはすでに述べた。秦王政が十三歳で即位してからは、彼女は相国《しょうこく》（丞相《じょうしょう》）の呂不韋と結びついて秦王の母太《ぼたい》后《こう》として政治にも参与していった。始皇九年（前二三八）、秦王が旧都雍城《ようじょう》に出かけて戴冠と帯剣という成人の儀式を行っていた留守に、長信侯嫪毐《ちょうしんこうろうあい》の反乱が発覚した。嫪毐という人物は呂不韋の食客で、呂不韋は嫪毐を宦官《かんがん》（後宮で働く去勢された役人）と偽って太后の宮中に近づけていた。呂不韋は太后との関係が発覚するのを恐れて、嫪毐を宮中に送り込んだのである。嫪毐は秦王と太后の印璽《いんじ》を偽造して軍を発し、

図7　咸陽宮1号宮殿遺跡

秦王のいる雍城を攻撃しようとしたが、秦王側は昌《しょう》平《へい》君《くん》、昌文君《しょうぶんくん》の軍を先に発して嫪毒を撃ち、咸陽《かんよう》で激戦となった。結果は嫪毒側が敗北した。嫪毒とその一族は殺され、嫪毒と太后の間に生まれた二人の子も殺害され、太后は雍城に移された。翌年、呂不韋も責任を追及され相国を辞職し、その後、毒を飲んで自殺した。

西嶋定生の論文「嫪毒の乱について」は、嫪毒の乱を通して呂不韋に代わって李斯が登場し、秦が法家思想を全面に打ち出していく政治史を描き出したが（『中国古代国家と東アジア世界』東京大学出版会、一九八三年）、この事件は秦王政と呂不韋、太后、嫪毒らの対立の構図を浮かび上がらせている。司馬遷はこの対立を秦王の側に立って記述している。『史記』呂不韋列伝には、嫪毒と出会った太后がひそかに宮中で乱行をつづけたこと、太后は淫乱な性格、嫪毒は巨根の持ち主、太后の欲望を満たす精力的な男性として描かれている。司馬遷は前漢の賈誼《かぎ》の見方に従ったものだ。賈誼（前二〇〇〜前一六八）は前漢文帝《ぶんてい》（孝文帝）のときの博士、太中大夫として前漢の制度改革を提言した人物である。かれは「始皇帝の母は嫪毒の淫に予《あずか》りて坐して誅《ちゅう》せらる。故に世人、淫を罵《のの》しりて嫪毒と曰《い》う」と述べ、二人の淫行を非難した。しかし一方で見方を変えれば、秦王の方こそ非難すべきとの意見も出てくる。実の母を雍城に幽閉し、太后と嫪毒の間の二人の子、つまり異父兄弟を殺したことが非難された。『史記』秦始皇本紀でも、斉人の茅焦《ぼうしょう》が登場し、その口調は弱いが、秦王政が実母を幽閉したことを追及する。かれは秦王に、「秦は方《まさ》に天下を以て事とするも、大王には母太后を遷すの名あり。恐らくは諸侯これを聞かば、此に由りて秦に倍《そむ》かん」と述べた。秦王は太后を雍城から迎え、咸陽に戻した。

前漢末の劉向《りゅうきょう》（前八二〜前六）は『説苑《ぜいえん》』（春秋から漢初までの伝記、逸話を集めたもの、二〇巻）正諫《せいかん》篇で、司馬遷とはまったく逆の立場で秦王の非倫理的行動を強く批判した。劉向は『史記』には見えない故事を長々と引用する。これは劉向の創作ではなく、前漢時代に伝わっていた故事であろう。しかも司馬遷が採用しなかったものとして興味深い。『史記』のフィルターをはずした別の始皇帝像が浮かび上がってくる。

劉向はまず嫪毒の乱の原因を説明する。嫪毒が近臣たちと賭博《とばく》をして酒を飲んで酔っぱらったときに、かれらと喧嘩となり、つい「自分は始皇帝（実際はまだ秦王）の仮父（母の後夫）である」ともらしてしまった。この話が始皇帝に伝わったので誅殺《ちゅうさつ》されることを恐れ、先手をうって反乱を起こしたという。始皇帝は嫪毐を車裂きにし、異父弟の二人は袋に入れて撲殺し、母の皇太后（実際は太后）を雍城の宮殿に幽閉した。世間の批判を恐れた始皇帝は、命を下して「太后のことを非難した者は殺戮《さつりく》せよ」と伝えた。その犠牲になった者の死体が門闕《もんけつ》の前に積み重なり、二七人の犠牲者があったという。ここに勇敢に登場したのが斉からの客人茅焦であった。茅焦は自分が二八人目の犠牲となることも覚悟し、勇敢に始皇帝の過ちを直言した。まず仮父嫪毐を車裂きにしたのは母を奪われたことへの嫉妬であり、二人の異父兄弟を袋に入れて撲殺したのは慈しみの心がないからであり、さらに実母を幽閉したことは不孝にあたる、諫《いさ》める臣下を殺戮したのは夏の桀王《けつおう》、殷《いん》の紂《ちゅう》王《おう》といった暴君の行動にも等しいとまでいう。いま天下が秦に懐《なつ》こうとしているのに、このようなことを天下に知られたら秦は滅亡してしまうと。始皇帝はようやく茅焦のことばに動かされ、母太后を咸陽に戻すことにした。茅焦は死罪をまぬがれ、上卿《じょうけい》の地位を与えられた。劉向は最後に、秦が社稷《しゃしょく》（国家）の滅亡を妾母の子の始皇帝によって救われたのは、すべて茅焦の力であると結論する。

秦王政の非難役は東方の茅焦であり、太后ももとは趙の豪族の女《むすめ》、嫪毒も趙の人間であったらしいし、呂不韋も東方の商人であった。一連の故事を見てくると、東方人の立場で西方の秦王の行為を非難しているかのようにおもわれる。漢代の人々が前王朝秦の君主の行動を非難しているばかりか、そこには東西の地域の対立が漢代になっても残っており、始皇帝像に反映しているともいえよう。つぎに取り上げる伝説は、まさに東西の対立が顕著にうかがえるものだ。

秦王政と韓非の出会い(前二三三年)

呂不韋が自殺した翌年、前二三四年、秦は趙との戦争を本格化させた。秦の桓齮《かんき》は趙の平陽を攻撃し、一〇万人を斬首《ざんしゅ》している。秦王政自ら河南に出かけているのも、趙との戦争の陣頭指揮をとろうとしたからであろうか。雲夢睡虎地秦墓出土編年記を副葬した墓主の喜《き》は南方の南郡の出身であるが、この年に従軍し、二年後に平陽の軍に従ったとあるから、相当な戦争であったのだろう。このようななかで、前二三三年、秦と趙に挟まれた韓は、秦に使節を出して臣《しん》属《ぞく》する道を選んだ。その役目をもったのは韓の王族韓非《かんぴ》その人であり、韓の延命を乞う上奏文を携えてやってきた。秦王政は韓非の書の孤憤、五蠹《ごと》篇（蠹は国家をむしばむ虫）を見て、「嗟乎《ああ》、寡人《かじん》此の人と見《まみ》えてこれと与《とも》に游《あそ》ばば、死すとも恨まず」と述べたという

（『史記』巻六三、老子韓非列伝）。始皇帝の生のことばは、秦始皇本紀だけでも正式な詔書や遺言などのことばを除けば、始皇二十六年の封建の議論、二十八年の博士との湘君神《しょうくんしん》についての対話、三十五年の方士の盧生《ろせい》らとの対話、三十六年隕石《いんせき》をめぐる予言についての議論にすぎない。始皇帝の肉声はなかなか残っていないので、始皇帝の性格を知るうえでも貴重だ。ただし問題は本当に始皇帝の声であるのか、後世の人が始皇帝に語らせた伝説であるのかという判断である。

韓非の書は『韓非子《かんぴし》』として私たちは読むことができる。『韓非子』は故事の宝庫であり、「逆鱗《げきりん》に触《ふ》る」（説難《ぜいなん》）、「和氏《かし》の璧《たま》」（和氏）、「千丈の堤は蟻の穴から崩《くず》る」（喩老《ゆろう》）、「矛盾」（難《なん》一）、「株を守りて兎を待つ」（五蠹）などよく知られた故事が多い。いずれも韓非が自らの思想を相手に理解させるための弁論のなかで引用されたものだ。たとえば大事を行うには小事から始めなさいといっても説得力はない。そのときに堤防の決壊は、おけらや蟻が作る小さな穴から徐々に始まるという話をする。また君主に意見を申し上げるときには注意しなければならないというだけでは、当たり前のことだ。そのときに、竜の喉《のど》元《もと》には実は一尺ほどの逆さに生えた鱗《うろこ》があり、これに触れたら殺されてしまうから注意しなさいといえば、すぐに納得するであろう。

韓非の主張は、国を治める法と臣下を治める術、そして勢を重視することであった。たんに法治国家という制度だけを整えるのではなく、それをいかに動かすか、また軍事的に対立していた戦国諸国家のなかで勝っていくためには、風に乗った弓のような勢いが必要であった。秦王政と韓非との対面は実現したが、李斯らは韓非の才能を妬《ねた》んで韓非を用いることの非を説いて処罰させ、最後は毒薬を送って自殺させた。先に逐客令に反対して韓の鄭国を救った李斯も、今度は荀子《じゅんし》の兄弟弟子の韓非を見捨てることになった。しかし韓非の思想は、韓非の死とは別に、秦の政治に浸透していった。韓非を見捨てたのは秦王政ばかりでない。韓の国でも韓王安は韓非の思想を採用することはなかった。

結局、秦が東方六国のなかで最初に滅ぼしたのが韓であった。始皇十七年（前二三〇）、秦の内史《ないし》騰《とう》は韓を攻め、韓王安を捕らえた。このときから前二二一年までの九年間に、つぎつぎと東方六国は滅ぼされていった。戦国時代は戦国国家間の外交バランスで動いてきたが、秦が韓を滅ぼしたことで、その均衡した国際関係は崩壊の一途をたどった。

趙を滅ぼし邯鄲入城（前二二八年）

こうして趙包囲網をしきながらまず韓を滅ぼした秦は、翌前二二九年、趙への猛攻撃を開始する。そしてさらに前二二八年、趙王遷《せん》を捕虜にして趙を滅ぼした秦王政は、自ら趙の都邯鄲に入城した。ここでかれが行ったことは、「諸《およ》そ嘗《かつ》て王の趙に生まれし時の母家と仇怨《きゅうえん》ある者は皆これを阬《あなうめ》にせよ」という命令であった。さきにもふれたが秦王政の母親は邯鄲で舞の上手な歌姫であった。歌姫といっても趙の豪家の女《むすめ》である。『史記』貨殖列伝にも、趙女と鄭姫を取り上げて、彼女たちが化粧をしては琴を爪弾《つまび》き、長い袂を引きずっては靴を履いて舞を踊り、色目使いをする様子を伝えている。交通の要所に位置した大都会邯鄲には、このような女性たちが活躍していた。秦王政の母親もそのような女性であった。秦王政が邯鄲で生まれた昭襄王《しょうじょうおう》四十八年正月は、秦趙関係が最悪であった。前年末の九月に秦の白起《はくき》が長平で将軍趙括《ちょうかつ》率いる趙軍を包囲して破り、降参した四〇万の兵士をだまして穴埋めにしたばかりであった。少年二四〇人は邯鄲へ返されたものの、秦への怨みは、子楚と夫人、そして生まれたばかりの政にも向けられたのであろう。秦軍が攻撃するさなか、子楚は妻子を連れて秦軍に身を寄せることができた。そのときから一八年、秦王政はふたたび邯鄲に入った。一八年前に母親の実家に怒りを向けた行動をとった人々を探し出して穴埋めにせよという命令は、事実であるとすれば、十九歳の青年の執念深さを見てとれる。

しかし戦争はかれ個人の感情を超えて止まることはなかった。この年、楚の旧都を占領して統治していた南郡では、戒厳令が出されている。編年記に記されている「十九年□□

□□南郡備敬（警）」（□は解読不能、敬は警の仮借）は、『史記』には見えない事実を私たちに伝えてくれる。秦の軍事的行動は、各地で連動していたことがわかる。韓・趙を滅ぼした秦の眼は、その周辺に向けられた。趙を逃れた公子の嘉《か》らは一族数百人を連れて代に行き、代王となり燕《えん》の軍と連合した。秦王政自身は太原《たいげん》、上郡から咸陽に戻ったが、奇《く》しくも母太后の死に遭い、翌年には刺客を迎えることになる。

暗殺未遂事件

荊軻、秦王暗殺失敗（前二二七年）

文字どおり中国史上最初に皇帝として君臨した始皇帝嬴政《えいせい》の五〇年の生涯は、何度か暗殺の危険に遭遇している。中国古代でも君主はつねに暗殺される危険をもっていた。暗殺者は身辺の臣下の場合もあれば、雇われたプロの刺客の場合もあった。始皇帝の五〇年の生涯は、十三歳までの秦国の太子の時代と、戦国時代の秦国の王に即位してからの二五年ないし二六年の秦王の時代と、天下を統一して皇帝に即位してからの統一秦の皇帝の時代の一二年に分けることができるが、荊軻《けいか》による暗殺未遂事件が起こったのは秦王の時代であった。その後、皇帝として天下を巡行したときにも、陽武の博浪沙《はくろうさ》（現在の河南省鄭州市の東）で盗賊に襲われたことがある。このときの首謀者は秦に滅ぼされた韓の張良《ちょうりょう》（のちに漢の高祖劉邦《こうそりゅうほう》に仕えた）、かれは全財産を傾けて刺客を求めて復讐を誓った。力士を手に入れ、一二〇斤《きん》もの鉄槌《てっつい》を投げたが、始皇帝の副車に当たって失敗に終わった。

しかし、なんといっても前二二七年、秦王政の二十年に起こった荊軻が秦王政を刺殺しようとして失敗に終わった事件は、後世までいろいろと語り継がれていった。この事件の真偽を見ていくには、どのような史料によって伝えられているのかに注意しておかなければならない。政治的指導者の暗殺事件や未遂事件は二十世紀の世界においても繰り返されてきたが、権力によってその真実が隠蔽され、ことの真偽があいまいなままに埋もれてしまうことが多い。そして時の経過とともに多くの伝説が生みだされていくことになる。

古代においても国家の関わる陰謀事件である場合は当然同時代には機密とされ、一定の時間的経過とともに、真偽の解釈が行われる。中国古代においては、一定の時間的経過とは、王朝の交替であった。しかし王朝の交替によって、前王朝の隠されていた真実が明かされることもあるし、逆に新王朝の立場から新たな解釈が加えられることもある。

統一秦（前二二一～前二〇六）の時代が終わり、楚漢の抗争（前二〇六～前二〇二）をへて前漢の時代（前二〇二～前八）が始まると、秦の時代の解釈が早々に始まった。秦がなぜ戦国七国のなかで統一を達成できたのか、またその秦がなぜわずか一五年で滅んでしまったのか、漢の時代の現実的な政治のなかで秦という時代が語られていった。漢の時代の人々は、秦を否定しながらも、現実には秦の制度を継承しており、一方では評価もしなければならなかった。

暗殺未遂伝説の二つの記事

さて司馬遷が著した『史記』では、荊軻の秦王暗殺未遂事件はまったく異なる二つの種類の記述に見える。それは司馬遷の立場が矛盾しているのではなく、そもそも『史記』という書物が史料をもとに文章を創作したのではなく、既存のさまざまな史料をほぼ忠実に集成したものであるということからきている。記述の一つは秦の側に残された記録『秦記』によったものであり、もう一つは民間に伝えられた故事伝説に由来するものである。司馬遷は二つの内容の矛盾を相殺することはないので、それぞれの伝えるままをまず受けとめればよい。

前者の記述は、『史記』巻六秦始皇本紀に見えるもので、その伝える内容は、「秦王政の二十年（前二二七）、燕の太子の丹《たん》は秦の軍隊が来るのを恐れ、荊軻に秦王を刺殺させようとしたが、秦王がこれに気づき、荊軻を殺し、王翦《おうせん》、辛勝に燕を攻めさせた」というものである。司馬遷は前の王朝の歴史を書くにあたってすでに幻の書となった『秦記』という秦王朝の記録に依拠した。この書は秦の簡単な記録であり、秦の側に立って事件を記述している。秦が王翦と辛勝の二人に燕国を攻撃させた理由として、燕の太子丹の方が秦の軍事力を恐れて荊軻に命令して秦王暗殺を企てたからだという書き方である。戦国時代他国を攻撃するにも、それなりの正当な理由が必要とされた。この断片的な記事だけでは、荊軻の事件は具体的にはなにもわからない。

後者の記述は、『史記』巻八六刺客列伝のなかで荊軻の伝を語ったものであり、これによって事件の詳細を知ることができる。この列伝には春秋時代の曹沫《そうまつ》から戦国末の荊軻にいたる五人の刺客の故事が収められている。この列伝での立場は、暗殺される側ではなく、暗殺を実行する刺客の行為をむしろ義挙として評価している。それは、故事を文章化して記録した司馬遷よりも、その故事を本来伝え聞いていった民衆の立場にほかならない。

『史記』荊軻列伝の構成は以下のとおりである。

①荊軻の人物紹介
②燕の太子丹と太傅《たいふ》鞠武《きくぶ》・田光先生
③荊軻の暗殺準備
④暗殺の決行

⑤高漸離《こうぜんり》の始皇帝暗殺未遂事件
⑥論賛（論評）

あらすじを紹介してみたい。

①　衛人の荊軻は、読書と剣術を好んだ。かつて蓋聶《がいじょう》と剣術を論じたが意見があわず、にらみつけられると逃げ出した。また邯鄲で魯句践《ろくせん》と六博《りくはく》をして双六《すごろく》の道を争ったときにも、叱られると黙って逃げ出す有様であった。燕に行ってからは、犬の屠殺人や筑《ちく》という弦楽器の名手の高漸離《こうぜんり》と交際した。荊軻は酒をたしなみ、かれらと燕の市中で飲んでは、高の筑に合わせて歌い、傍若無人に喜怒哀楽の気持ちを発散した。しかしその性格は冷静沈着であり、諸侯の国では賢者や有力者と交際した。燕の田光《でんこう》先生はこうした荊軻の非凡な性格を見抜いていた。

②．燕の太子丹が人質先の秦から逃げて帰国する事件が起こる。秦王政とは趙で人質になっていたときに仲がよかったが、秦では待遇が悪かったので逃げ出したのである。秦に報復する手だても見つからないうちに、秦軍は燕に迫ろうとしていた。傅《ふ》（太子の守り役）の鞠武《きくぶ》に相談すると、秦の軍事力は侮れず私憤だけで秦の逆鱗《げきりん》にふれるべきではないと諭される。鞠武の態度にしびれをきらした丹は、鞠武から田光先生を紹介される。丹に会っ

た田光先生は荊軻を紹介したが、そのとき丹から、国の大事ゆえに話を洩らさぬようと釘《くぎ》をさされる。田光先生は荊軻に一部始終を伝えたあとに、はかりごとをして疑われるのは、義俠ある人間とはいえないといい、首をはねて自殺する。

③　荊軻は太子丹に謁見し、勇士を秦に送り出す計略を聞かされる。秦王に利をちらつかせて燕の願いを聞かせるか、それとも秦王を脅かして失地を回復させるか、それもできなければその場で秦王を刺し殺して秦の国内に混乱を起こさせるという内容であった。荊軻は承諾したが、なかなか出発しようとしなかった。秦は趙王を虜《とりこ》とし燕の南まで迫ってきたので、丹は荊軻に催促する。荊軻は秦から逃亡しおたずね者の樊於期《はんおき》将軍の首と、燕の督亢《とくこう》という豊かな土地の地図をもって行けば、秦王に近づくことができるという。丹は躊躇していたので、荊軻は直接樊於期に秦王への復讐の機であると説得したところ、樊於期はみずから首をはねた。荊軻は天下に伝わる趙の徐夫人作の匕首《あいくち》を買い入れ、一人の同行者を待たずにやむなく秦舞陽《しんぶよう》という者を連れて出発した。白装束で送られた荊軻は、易水《えきすい》のほとりで高漸離の筑に合わせて歌った。一同すすり泣くと、なお歌い続ける。「風は蕭々《しょうしょう》として易水寒し　壮士《そうし》一たび去って復《ま》た還《かえ》らず」。聴く者は目を怒らし、髪は逆立って冠を突いた。

④　荊軻一行は秦に到着した。千金の賄賂で秦王への取り次ぎに成功し、秦王から咸陽《かんよう》宮《きゅう》に迎え入れられる。荊軻は樊於期の頭函《とうかん》を持ち、秦舞陽は地図の筺《はこ》を捧げて進んだ。階下に至ると秦舞陽は震え恐れたので、群臣は怪しんだ。荊軻が振り返って笑い、「北方蛮《ばん》夷《い》のいなかものゆえ、天子にお目にかかったことがないからだ」とわびた。秦王が「秦舞陽の持ってきた地図を取らせよ」といったので、荊軻は王に渡した。秦王が最後まで開くと、隠してあった匕首が現れた。荊軻は左手で秦王の袖をつかみ、右手で匕首を持って刺した。ところが身に届かないうちに、秦王は驚いて立ち上がったので、袖がちぎれた。秦王が剣を抜こうとしても、とっさのことで剣が堅くて抜けない。荊軻は秦王を追い回し、秦王は柱を回って逃げた。群臣は急な事態に平静さを失った。秦の法律では、殿上に上がるときには、一尺一寸の武器すら携帯できないし、殿下の武器を持つ郎中たちも詔《みことのり》がなければ上れない。秦王は素手で撃ちかかるだけであった。このとき侍医の夏無且《かむしょ》が薬嚢《やくのう》を投げつけた。ひるんだすきに、左右の者の「剣を背負いなされ」という声を聞き、ようやく剣を抜いて荊軻を撃ち、左股を切った。そこで荊軻は匕首を投げたが、柱にあたった。秦王は荊軻を斬った。荊軻は「失敗したのは、王を生かしたまま約束を取り付けようとしたからだ」といい、左右の者に殺された。手柄の夏無且には黄金二〇〇鎰《いつ》（一鎰は一斤、

約二五〇グラム）が与えられた。この事件の結果、秦王は激怒して王翦の軍に燕を攻めさせた。燕王喜と太子丹は遼東に逃げたが、秦の将軍李信の執拗な追撃にあい、太子丹の計略が原因であるのを知った燕王喜は太子丹を斬って秦に差し出した。結局燕はその後滅ぼされ、燕王も虜となった。

⑤　荆軻と交際のあった高漸離が名を変えて生きていたが、やがてふたたび筑の名手であることが知れ渡る。始皇帝の耳に入り素性がわかると、殺されずに目をつぶされ失明させられた。高漸離は鉛を筑のなかに入れ、始皇帝に近づいたときに筑を振り上げたが、当たらずして失敗した。高漸離は殺され、始皇帝はその後他国人を近づけることはなかった。

⑥　太史公《たいしこう》（ここでは司馬遷の父司馬談《しばだん》）がいうには、「世の中では太子丹の運命をたたえたときに、『丹が秦から逃げるときに、天が粟を降らし、馬に角が生えたら許すといわれると、その通りになった』と伝えるが、それは大きな間違いである。また荆軻が秦王を傷つけたというのも間違いである。公孫季功《こうそんきこう》と董仲舒《とうちゅうじょ》が夏無且と交際があり、事件をつぶさに知り、私に話してくれた」と。

以上の荆軻列伝の③④の大部分は『戦国策《せんごくさく》』と同じであるので、『史記』は戦国故事に依拠し、また事件に居合わせた夏無且からの伝聞をあわせて記録したのであろう。

刺客列伝と漢代画像石の語るもの

荊軻列伝の④の場面はこの事件のクライマックスであり、漢代には画像石のなかに映像化されている。画像石とは墳墓の墓室内や祠堂《しどう》という墓の横に建てた死者の霊魂を祭る廟《びょう》の壁面に画像を刻んだ石であり、漢代に流行した。当時の社会・文化を知る貴重な材料である。筆者が確認した荊軻秦王暗殺未遂伝説を描いた画像石は全部で一〇例（一枚は魏晋時代）、荊軻列伝の記述と比較するとおもしろいことがわかる。

山東省嘉祥県の後漢時代の地方豪族の墓には、刺客列伝に登場する春秋戦国期の五人の刺客と、要離《ようり》という呉王闔閭《こうりょ》の刺客で呉王僚《りょう》の子慶忌《けいき》を長江の舟上で殺した人物が画像化されていた。五人の刺客とは、魯の荘公に仕えて大国斉の桓公を匕首で脅迫して奪われた土地を取り戻した曹沫《そうまつ》、呉の公子光のために呉王僚を焼き魚に忍ばせた匕首で殺した専《せん》諸《しょ》、趙襄子《ちょうじょうし》に殺されて辱めを受けた晋の六卿の一人智伯《ちはく》のために復讐を試みたが失敗して自殺した予譲、厳仲子のために韓の宰相俠累を刺殺し、自らも目をえぐり取って自殺した聶政《じょうせい》、そして荊軻である。荊軻の図は同じ場所に三枚もあった。この墓は現在の山東省嘉祥県にあり、武氏という地方豪族のもので、ここには棺を収める墓室を覆った墳丘と、その側に祠堂が作られた。墓室内の密封空間は死者の霊魂が生前と同じように生活する場所であり、そこには石室の壁面に画像で生活空間を表している。子孫が先祖の霊を祭祀する祠堂に、古代の刺客たちが画かれていたので、当然生きている人々の目に入る。

武氏祠の三枚の荊軻の事件を刻した画像石は、西壁第一石第四層、前石室第十一石左面（図8―A）、左石室第四石第二層に位置する。前石室第十一石（以下前石室）と西壁第一石（以下西壁）の場面を見ると、ここには柱を中心に右に荊軻と秦舞陽（画像では秦武陽）、左に秦王が画かれている。左石室第四石（以下左石室）のものはちょうど左右反対の人物配置である（図8―B）。樊於期の頭函、秦王のちぎれた袖、柱に刺さった匕首など、とっさに脱ぎ捨てられた秦王の靴、震えおそれる秦舞陽、髪をそば立てた荊軻など一連の話を一つの場面として生き生きと記録している。しかしこれを『史記』荊軻列伝から読みとるとおかしな場面が出てくる。『史記』荊軻列伝との相違点は、第一に重要な役割を果たした夏無且が登場していないことである。荊軻を取り押さえているのが夏無且であるという説もあるが、服装から見れば明らかに衛士である。第二に『史記』では殿上の群臣は武器を持てないといっているのに、剣と盾を手にした衛士が見えることである。第三は剣を背負っていた秦王が、気を取り直してようやく剣を抜き、荊軻の左太股《ふともも》を斬りつける重要な場面が画かれていないことである。前石室と左石室では秦王が身につけていた玉環を手

A：武氏祠前石室第11石左面

B：武氏祠左石室第４石

図８　暗殺未遂事件の画像石（A・B）

にして投げつけようとしている。これを剣の柄だけを刻した未完成画像と見るのは、『史記』に引きつけられたこじつけである。このような食い違いは、場面の違いというよりは、根拠にした伝聞の違いと見た方が理解できる。

さらにほかの画像石を見ると、明らかである。山東省には陽谷県の後漢画像石に類似したものがあり、秦王と衛士三人しか画かれていないが、秦王はやはり素手《すで》で逃げまどう姿である。さらに河南省唐河県の前漢時墓の画像石は、山東よりも時代が早いものである。ここでは剣を持つ秦王が荊軻の剣に傷つけられている場面として画かれており、秦舞陽のほかは柱も見えない。荊軻列伝では秦王が傷つけられた話は退けられたが、ここではその場面が見える。秦王の姿が滑稽に画かれているのも、東方の人々の始皇帝に対する感情からくるものであろう。唐河県のこの地は南陽、旧楚の地で、山東と同じようにやはり秦に滅ぼされた記憶が漢代まで残っていた。後漢晩期から三国に下る浙江《せっこう》省海寧県の画像石では、唐河県の滑稽さに比べて剣を持つ秦王には躍動感がある。

遠く四川省楽山市の後漢崖墓《がいぼ》にも二例ある。岷江《みんこう》と青衣江《せいいこう》、大渡河《だいとが》が合流するこの地は平地が少なく、墓地も河に面した断崖に横穴を掘って作られる。これを崖墓という。墓室内の岩の壁面に直接画像が彫られている。ここでは中央の柱にはとうてい匕首とは思われないものが画かれている。巻き付いているように見えるものは、蛇の尾と頭であろう。一方のものは蛇の頭は荆軻に向いて口を開けており、あたかも蛇は秦王の守護神のようである。ここは秦以来北方からの移民の地であり、墓主はその子孫と考えられる。秦の征服地の山東や南陽とは異なる故事が伝えられていたのであろう。さらにここから岷江を下り長江に入った四川省江安県では、魏晋時代の石室墓が発見され、石棺《せっかん》の表面に荆軻の故事が、もう一つの始皇帝伝説（始皇帝が巡行の途中泗水《しすい》で天子の権威の象徴である周鼎《しゅうてい》を発見し引き上げたが失敗したという故事）と合体して画かれており、興味深い。この石棺の別の側面には、宴会、雑技、舞踊の場面が見え、二つの秦王、始皇帝にまつわる故事の場面は、宴席の人々があたかも観劇しているかのようである。

事件の真相と歴史

　このようにさまざまに派生し展開していったこの事件の真相はいったいどのようなものであったのか。今一度秦始皇本紀に記述された年代、始皇二十年の前後の時代に立ち返り、その状況を見ておく必要があろう。

　これより先、前二三〇年、秦の内史の騰《ないしとう》は韓を攻め、韓王安を捕虜にした。東方六国はこのときから前二二一年までの九年間につぎつぎと滅ぼされていく。戦国時代約二三〇年間のうち最後の一〇年間の戦争が、戦国諸国家間のバランスを崩壊させ、大きな統一帝国の中国を生み出していくことになる。

前二二九年、趙を攻め、翌年には秦王みずから趙都邯鄲に行き、趙の母の家と恨みのある者を穴埋めにした。趙の公子の嘉《か》は、宗族数百人と代に行き自立して代王となり、燕軍と合流した。こうしたなかで前二二七年、荊軻の暗殺未遂事件が起こり、これを口実に秦は王翦、辛勝に燕を攻めさせた。翌前二二六年、王翦は燕太子の軍を破り、燕の薊城《けいじょう》を取り、太子丹の首を得た。燕王は遼東に逃げて王となった。秦はこのあと東北から眼を中原の魏と南の楚に向けた。前二二五年、王賁《おうほん》は魏を攻め、黄河の水溝を引いて大梁城を水攻めにした。魏の最期である。そして、前二二四年王翦に楚を攻撃させ荊王を捕らえた。秦王自身楚都（郢陳《えいちん》）に行く。楚の将軍項燕は昌平君《しょうへいくん》を立てて楚王とし、淮南において秦に抵抗した。前二二三年、王翦、蒙武は楚を攻め、楚軍を破る。昌平君は死に、項燕は自殺した。前二二二年、王賁に燕の遼東を攻めさせ、燕王喜を捕らえ、また代を攻めて代王嘉を捕らえた。こうして斉以外の五国を滅ぼした秦は、五月に天下の民に祝宴を許している。前二二一年、最後の斉を滅ぼすと、天下は統合された。

この一〇年の秦の軍事の動きに弾みをつけたのが、荊軻の事件であるといえよう。もし荊軻の秦王暗殺が行われ、ファースト・エンペラー始皇帝が誕生していなかったら、その後の古代中国はどのようになっていたのだろうか。やはり秦が中国を統一していたのか、それともほかの国がそれに代わっていたのであろうか。過去の歴史を必然なるものと見れば、歴史的事実に反する仮定は許されない。しかし歴史の必然とは歴史の結果から過去をさかのぼって説明するときの一つの解釈であり、歴史がその時点でさまざまな分岐点を選択しながら複雑に進んでいることに気がつけば、荆軻の事件の結果次第では、別の歴史が刻みつけられた可能性もある。むしろそのように歴史の進む道を幅をもって考えた方が、より深い理解が得られるのではないだろうか。

このような緊張した国際関係のなかで秦王政の暗殺計画が実行された。睡虎地秦墓出土の一四枚の竹簡には、この年「廿年四月丙戌朔丁亥（二日）」付の語書という文書が見える。南郡守（太守）の騰という人物が、管轄下の県、道（少数民族の地に置かれた県を道という）の長官に宛て治安を守るべきことを通達したものである。たまたま近年出土したこの語書と、『史記』を通して知られてきた秦王政暗殺未遂事件の間が、今一本の糸でつながったような気がする。荆軻の秦王暗殺未遂事件が、語書の発令された四月以前に起こったのか、以後に起こったのかは記録がない。重大な事件であるが、外には大げさに漏らすべき情報ではない。『史記』に残された記述からみても、本来は簡単なものであった。「燕の太子丹、荊軻をして秦王を刺さしむれども、秦王之を覚り、荊軻を殺す」（魏世家、楚世家、田敬仲完世家）、あるいは「太子丹陰に壮士二十人を養い、荊軻をして督亢《とくこう》の地図を秦に献じ、因《よ》りて襲いて秦王を刺さしむ。秦王覚りて軻を殺し、将軍王翦に燕を撃たしむ」（燕世家）という程度であった。秦の零陵県令（長官）の信という人物も上書し、「荊軻匕首《あいくち》を挟《はさ》み卒に陛下を刺す。陛下神武を以て長剣を挟み揄《ひ》き以て自ら救う」と述べているから、事件の結果は全国の官吏に伝えられ、警戒宣言が出されたのであろう。したがって語書という文書も、暗殺未遂事件の直後に地方の治安維持のために発布されたものと推測できる。前二一八年博浪沙《はくろうさ》で張良に襲われたときに、憤った始皇帝は全国に犯人を一〇日間も捜査させている。さらに前二一六年の咸陽付近の蘭池で盗賊に出逢ったときにも、関中を二〇日間も大捜査させている。南郡で発布された語書も、秦王政暗殺未遂事件直後のことであろう。

この事件は未遂に終わったけれども大事件であり、夏無且以外にも多くの人々の語り草になった。司馬遷自身、荊軻が実際に秦王を傷つけたという話も世間に伝わっていたが、それは事実ではなく刺客列伝に記録した話がもっとも信頼できるものと考えている。『燕丹子』という書には、司馬遷が誤っているとして削除した故事が見られる。秦の人質として秦の都にいた燕の太子丹が秦国を離れるときに、司馬遷はただ丹はかつて秦王が趙の人質として邯鄲にいたころ仲がよかったにもかかわらず、待遇が悪いことを恨んで帰国したと記した。しかし秦王から離れる丹についてはいくつかの民間の故事が伝えられていた。秦王は丹に天から粟の雨が降り、烏の頭が白くなり、馬に角が生えたら帰国を許可するといったところ、丹が天を仰いで嘆息すると現実にそのとおりになったので、秦王もやむをえず許したという。司馬遷は燕太子丹の帰国から荊軻の暗殺未遂にいたる故事を、刺客としての荊軻の行動を義挙として褒めながらも、翌年前二二六年燕都薊《けい》攻略、燕王による太子丹殺害、燕王の遼東逃亡、さらには前二二二年燕王喜の捕縛、燕の滅亡への伏線としてとらえていた。司馬遷は秦朝側の証言にたよっているように、天下統一過程の記述では秦の立場で記述しており、燕太子丹のような一方的な立場の故事は採用しなかったのである。

六国の滅亡

魏大梁城の陥落（前二二五年）

荊軻《けいか》の事件は失敗に終わり、これをきっかけに翌前二二六年、秦は燕《えん》の薊城《けいじょう》を取り、太子丹《たん》の首を得、燕を滅ぼし、燕王は遼東に逃げた。

始皇二十二年（前二二五）、秦の将軍王賁《おうほん》は魏の都大梁城、現河南省開封《かいほう》を攻撃した。このことは睡虎地《すいこち》秦墓竹簡の編年記には、「（始皇）廿二年魏の梁（梁）を攻む」と、たしかに記録されている。始皇三十年でこの編年記の年代が終わっているから、九年前の事件を記録した生々しい同時代史料といえる。秦軍は黄河の水を引き入れて城を水責めにし、魏王仮《か》はようやく降伏した。魏国の最期の記録だ。

司馬遷は二十歳のときに出かけた地方の旅でこの大梁古城の遺跡を訪れた。事件から一〇〇年後のことであり、すでに大梁城は廃墟となっていた。かれはここで古城跡のなかに住んでいた人の話を耳にする。「秦の梁を破るや、河の溝を引きて大梁に灌《そそ》ぐ。三月《みつき》にして城壊れ、王降らんことを請えども、遂に魏を滅ぼせり」と。地方に残る歴史の証言であった。

この大梁城はそもそも魏が旧都安邑《あんゆう》から前三六四年に移ってきた新都であった。現在の開封城の西北に位置し、一二の城門をもっていた。睡虎地秦墓竹簡の編年記の昭襄王三十二年（前二七五）に、「啓封《けいほう》を攻《せ》む」とあり、戦国末には啓封の啓の字が、前漢景帝劉啓《りゅうけい》の諱《いみな》から開封に改められた。現在の河南省開封市には、歴代の街が黄河の泥土に埋もれている。黄河は開封付近から河道も平坦で水流も緩やかになるので、大量の泥沙が堆積して天井河となる。開封の街は黄河の水面より七《メートル》も低く、危険区域である。北宋、金、明清代の城壁が縦に重なっているという。

軍事目的で黄河を決壊させることは、その後の歴史でも繰り返された。十二世紀南宋は金の軍隊を防ぐために浚県《しゅんけん》、滑県《かっけん》付近で決壊させた。また一六四二年李自成《りじせい》の軍が開封を包囲したときに、迎え撃つ明の軍隊は黄河の堤防を崩したが、李自成軍側も別の箇所で決壊させ、この二つの水流が開封に押し寄せたという。そして一九三八年六月、蔣介石《しょうかいせき》軍は日本軍によって開封が陥落したので、花園口の黄河大堤を崩して洪水を起こした。堤防を決壊させるのに、八〇〇名の強健な兵士を選び、三日三晩掘り続けたという。決壊した黄河の堤防は長さ一四〇〇メートル、雨が降り続いて増水していた溢れる黄河の水勢はとどまることを知らず、大変な水害を起こしたという。被災区域は長さ四〇〇キロ、幅三〇から八〇キロと広がり、面積は五・四万平方キロ、八九万人が溺死し、被災者は一二五〇万に達し、三九〇万の難民を生みだした。当時の日本軍の体験談でも、横一線に白波が幔幕《まんまく》のように押し寄せ、あっという間に胸まで浸かり、村落も浮いているように見えたという（朝日新聞黄河取材班『黄河行』徳間文庫、一九八四年）。現在の花園口には、強固な堤防が造られており、当時のことは想像もできない。さらに古代の人為的決壊の様子は、「河の溝を引きて大梁に灌ぐ」と淡々と述べるだけであるが、その背後には一九三八年のときのような生々しい場面が展開していたはずだ。戦国末の大梁城の発掘は行われていない。しかしいつの日か、現在の街の地下十数メートルの泥土の中に埋まった古城の姿が現れたときに、『史記』に記された記事もさらに重みをもってくるであろう。

統一戦争と民衆の心情

魏も滅び、東方六国で残されたのはいよいよ楚《そ》と斉《せい》の二国だけとなった。いったい秦はなぜこのような戦争を続けていったのだろうか。のちに始皇帝を顕彰した刻石では、東方六国の横暴な君主が民衆を虐待しているので、それを救うための正義の戦争であったと回顧し、戦争を正当化している。私たちは古代の民衆の生の声を聞きたい。

睡虎地秦墓出土の竹簡は、墓主の喜《き》という人物の一生の断片を提供した。姓はわからないので喜と名前だけで呼んでおこう。喜が生まれたのは昭襄王四十五年（前二六二）、亡くなったのは編年記の最後の年代である今《きん》三十年（始皇三十年〈前二一七〉）からまもないころであった。その四六年の一生は、戦国秦が東方六国との戦争に勝利し、秦が統一事業を行った秦の激動の歴史に重なる。喜は現在の湖北省雲夢県、秦の時代の南郡安陸県に生まれた。南郡は、昭襄王二十九年（前二七八）に秦の将軍白起が郢《えい》（湖北省江陵）を占領して置かれた郡であり、楚を最終的に滅ぼすまでの五五年間、南方の占領地支配の拠点となった。喜が生誕した安陸県は、ここから東北に一五〇キロばかりの所である。楚は秦に占領されたときから長江中流の地を離れ、前二四一年には淮水《わいすい》のほとりの寿春《じゅしゅん》に遷都した。喜は、今元年、秦王政が即位した年に十七歳（数え年）となって徴兵年齢に達したので戸籍に登録された。漢代の制度では徴兵の年齢は二十から二十三歳であったから、戦国時代の秦では時代を反映して早かったようだ。十九歳から地方の県の史（下役人）となり、安陸県や鄢《えん》県の令史や獄史を歴任していった。令史は県の行政、獄史は法制を担当した役人であった。中央から派遣されてくる郡太守・丞、県令・丞などと違って、現地採用の役人は地方の事情に通じ、地方行政を実質支えていた。ただし南郡の場合、秦の占領地であるので、もともとここに居住していたのではなく、秦からの移民であろうと思われる。喜はその後、二十九歳のときに従軍している。この年の今十三年（前二三四）は、嫪毐《ろうあい》の乱が終わって内政の混乱を終結させ、対趙戦略を開始した年である。趙から離れた南方の地にあっても北方の戦争に駆り出された。今十五年（前二三二）、喜は三十一歳になって平陽の戦いに参加した。平陽は趙都邯鄲の東南の都市である。故郷から遠く六〇〇キロも離れた地の戦争に加わる心情はどのようなものであったのだろうか。今十六年（前二三一）、喜は年齢を役所に改めて自己申告した。三十二歳になっており、この年には父親を亡くし、子供は六歳であった。秦はこのときに男子の年齢を申告させる法令を全国に出している。趙との本格的戦争に備えて、徴兵を確実に行おうとしたのだろうか。

喜の個人的な感情を記した文章は、かれの墓には見えなかった。しかし地方の法制官吏であったので、民衆が戦争のなかでどのように行動したのかがわかる法制文書を残していた。法律文書のなかでも法律の条文そのものは一律に適用されるので、地方の具体的な様子は見られないが、封診式《ふうしんしき》という文書には、具体的な事件が事例集として収められている。そのなかの奪首という文書によれば、つぎのようである。

軍戯《ぐんぎ》の某の爰書《えんしょ》によればつぎのとおりです。某里の士伍の甲が男子丙および斬首一つを縛って持ち、男子丁と一緒にやってきました。甲がいうには、「甲は尉某の私吏で、邢丘城《けいきゅう》の戦いに参加しました。今日は丙を軍陣の路上で見かけると、剣を持って丁を傷つけ、この首を奪っていましたので、捕らえてきたのです」と。そこで首と丁を取り調べ、その傷の状態を検査しました。

もう一つの爰書も題目の部分は読めないが、同じような事件である。

□□某の爰書によれば以下のとおりです。某里の士伍甲と公士の鄭《てい》県の某里に在る丙という者が、ともに斬首一つを持ってやってきました。それぞれがいうには、「甲、丙は邢丘城で戦い、この甲、丙は首を得ました。甲、丙は相争って、ここにやってきたのです」と。首を調べてみますと、小さな髷《まげ》を結い、右の額に傷が一箇所、幅五寸、深さは骨にまで達し、どうやら剣の傷跡らしい。頭部の切断面は短くて整っていません。

当事者の姓名こそ伏せて甲乙丙といっているが、昭襄王四十一年（前二六六）夏に邢丘での魏との戦闘で実際に起こった事件を秦王政、始皇帝の治世の官吏用の事例集としたものである。敵の首級を誰が取ったのか、その戦功をめぐる争いである。首級ということばにあるように、敵の首を一つ取れば爵《しゃく》一級が与えられたので、かれらの戦争での関心は敵の首をいくつ取るかにあった。

爵とはもともと酒を温める三足の青銅器であり、流という細長い口から杯に注いだ。この爵は、周代には身分を授けるときに与えられたので、爵位と表すようになった。秦は商《しょう》鞅《おう》の変法のときに、戦陣で甲首一級を得たものには爵一級を与え、同時に田一頃《けい》、宅地五畝《ほ》を与えられたという。甲首とは鎧《よろい》を着た敵兵の首であり、軍功によって爵位が与えられた。この時代、爵位は特定の階層にとどまらず、一般の庶民にも広く与えられる時代になった。戦争が貴族だけではなく、庶民も歩兵として駆り出される時代になるとともに、軍功爵の制度が行われるようになった。

民衆同士が首を斬り合うような古代の戦争の痛みは、なかなか私たちには伝わってこない。戦法こそ現在とは異なるとはいえ、人間同士が殺し合う戦争という意味では同じだ。

文献に出てくる斬首いくつという記述から、私たちは古代の戦争の悲惨さをもっと感ずる必要がある。秦の勝利した戦争だけでもふりかえって見れば、魏との巻の戦いで斬首三万（前二四五年）、趙との平陽の戦いでは斬首一〇万（前二三四年）といった数字の重みを感じておきたい。かれらは、こうした犠牲のうえに何を求めたのであろうか。

一方、趙都邯鄲を逃れて代国を建てて生き延びていた趙の勢力が、秦軍を迎えるのも時間の問題であった。前二二三年、代では家屋や垣根の大半が崩れるほどの大地震が起こった。翌年には大飢饉が続き、人々の間では不安のなかでつぎのような怪しげな民謡が聞かれたという。

趙は号を為《な》し秦は笑を為す。信ぜざると以為《おも》はば、地の毛《くさ》を生やすを視《み》よ。

この歌の内容は、「趙が鳴き秦が笑うだろう、信じないというならば、地面に草が生えるのを見るとよい」というものだ。『史記』趙世家に見え、民衆の感情を記した珍しい文章である。趙にとってはこの秦との戦争は、ただただ悲しき泣くべきものであり、勝者の秦が笑うことになり、戦争に負ければ、廃墟になって雑草が生えるばかりだという。このような歌のなかに征服された趙人の率直な気持ちが反映している。けっして秦の勝利を戦国の混乱を統一した解放者として受け入れるものではない。

以上のように喜という一官吏から同時代の秦王政の時代を読むことができる。『史記』にはない、新たな歴史を見直す視点である。地方で生まれ、地方の県の役人を歴任した人物だけに、秦の統一戦争を地方から冷静に見ることができる。

楚斉の滅亡

こうして最後に残ったのは楚と斉の二国だけとなった。前二二四年から前二二一年までの最後の四年間は、その後の歴史を決定づけた意味でも重要である。確かに秦には勢いが感じられるが、この時点でも天下統一への道が必然であったわけではない。

秦の取った戦略は、楚をまず徹底して攻撃することであって、斉には矛先を向けなかった。ちなみに秦の文書での楚の国名は、秦王政の父荘襄王の名子楚と重なるので、楚字を避けて同じイバラの意を持つ荆を使っている。始皇帝の時代の竹簡文書編年記では、「廿三年荆を攻む」となっているし、『史記』秦始皇本紀でも「二十三年、荆王を虜にす」といっている。ここでは本来の楚字にもどしておこう。すなわち前二二四年、王翦に楚を攻撃させて楚王負芻《ふすう》を捕虜にした。秦王政自らがこのとき楚の都郢陳《えいちん》（寿春）に赴いた。秦王政は統一後に東方六国の地を巡行するが、皇帝としてよりもまず王として戦地を訪れ、趙、そして今回は楚をめぐっていた。秦王政の行動力に秦の勢いを見ることができよう。

楚の勢力も反撃に出た。将軍項燕《こうえん》は昌平君を立てて楚王とし、淮南《わいなん》で秦に背いた。昌平君は名はわからないが、楚の公子であり、昌文君とともに秦の相国となって嫪毐の乱の鎮圧に功績があった。その後、前二二六年楚の都郢に移されていた。秦楚関係の悪化が理由だろうか。項燕は項羽《こうう》の祖父に当たる。しかし翌年、前二二三年、王翦将軍と副将軍蒙武の軍隊が楚軍を破り、昌平君は死に、項燕は自殺した。ここに楚は滅ぶことになる。

楚には六〇万の兵を出したと伝えられる。もし事実だとすれば、統一秦の時代の対匈《きょう》奴《ど》戦の三〇万をしのぎ、やはり同じ時期の対百越《ひゃくえつ》戦の五〇万をもしのぐことになる。楚が大国であったことは事実だが、すでに旧都郢には南郡を置いて占領していたので、それほどの大軍が必要であったかどうか。六〇万の数字は『史記』王翦列伝に見える故事に出てくるものであり、事実かどうかは疑わしい。

王翦列伝の対楚出兵故事は全部で六三二字と多い。話の筋の展開があり、典型的な伝説故事の類である。第一段は、始皇帝（実際はまだ秦王政《せい》）が有能で勇敢な青年将軍李信と老将軍王翦に、楚を攻めるのにどのくらいの兵力が必要かという質問ではじまる。李信は二〇万で十分といい、王翦は六〇万でなければだめだと答えた。始皇帝は年を取って臆病になった王翦の意見を聞かず、勇敢な李信と蒙恬《もうてん》に二〇万の兵をやって楚に送った。王翦は聞き入れられないのをみて、病と称して故郷に帰った。第二段は、李信と蒙恬が出兵して最初は攻勢に出たが、やがて楚軍に苦戦する場面である。秦の両軍が引き返して城父《じょうほ》で合流した隙に、楚軍は三日三晩宿営せずに李信の軍を追撃して敗退させた。第三段は、李信が秦軍を辱めたことに秦王政は怒り、王翦を訪ねるところからはじまる。始皇帝は自分を見捨てるなと弱気に出るのに対して、王翦はそれみたことかと得意げである。結局六〇万の兵を王翦に託すことになった。ここでまた一つの話が加わる。秦王政が自ら灞水《はすい》のほとりまで送っていくと、王翦は褒美に豊かな田畑や宅地、園池をほしいとしきりに願った。秦王政があきれて先を促すと、王翦はことばを重ねた。将軍たるもの勲功を得ても封君《ほうくん》にはなれない、どうか大王の眼にかなっているときに子孫のために財を残したいのだと。秦王政は大笑いした。王翦は函谷関《かんこくかん》に着いても使者を送って美田を五度も請うた。王翦に度がすぎるという者がいたが、王翦はきっぱり否定した。王翦の真意は別のところにあった。秦王は粗放で人を信頼しないので、六〇万もの兵士を引きつれて秦国の兵力を空にしたら、かえって自分が疑われるので、褒美をねだって秦に反《そむ》く意志のないことを見せたのだと。

ちなみにこのとき秦王政が王翦を見送った灞水と、王翦が最後に使者を送った函谷関は、秦にとって重要な場所である。灞水には架橋され、この地は都咸陽への出入り口であった。

のちに劉邦が陣を張り、始皇の孫子嬰《しえい》が劉邦に下って都への道を譲った場所である。函谷関は秦の領地、関中への出入り口であり、秦国防衛の最東端であった。第四段は、いよいよ王翦が李信に代わって楚に出兵する最後の場面である。楚軍も国中の兵士を総動員して対抗したが、王翦の軍は防塁に閉じこもっていっこうに戦おうとしない。兵士に休養と食事を十分に与えるだけであった。王翦は陣中の兵士が投石や跳躍をして戯れるのを聞いて、体力十分だと見て引き返した楚軍を蘄《き》の南まで追撃した。そして、将軍項燕を殺し、楚王負芻を捕虜にした。

この故事には王翦の冷静沈着な行動と始皇帝の深慮のなさが、面白く描かれている。その話の面白さには理由がある。君主が話の筋に納得すれば臣下をどのように扱うべきかの戒めとなるし、民衆にとっては過去の歴史的な故事が教訓となる。こうした故事伝説には史実は盛り込まれているが、語り手が聞き手を意識する分、史実から離れてしまうことが多い。

二通の家書

湖北省雲夢県睡虎地には別の秦墓があり、四号墓から二枚の木牘《もくとく》の書簡が発見された。私信が墓から発見されることは珍しい。この書簡によれば、黒夫《こくふ》と驚《きょう》という二人の男が淮陽《わいよう》の戦いに参加し、敵は城に長らく立てこもっていた。かれらが故郷に宛てた書簡の日付は二月辛巳《しんし》となっている。年代は書いていないが、楚と淮陽で戦ったということからすれば、始皇二十四年（前二二三）二月辛巳（十九日）のことであろう。すでに前の年に楚王負芻は捕えられ、そのあとに昌平君と項燕が淮南で立ち上がった。この淮水を挟んだ南北で秦楚の最後の決戦が繰り広げられた。一枚の書簡は二四九字、内容はつぎのとおりである。

二月辛巳の日、黒夫と驚は謹んで中《ちゅう》にお尋ねしますが、母はお変わりございませんか、黒夫と驚は変わりなく過ごしています。先日黒夫と驚は離れてしまいましたが、今また一緒にいます。黒夫は前に益《えき》就《しゅう》に手紙を書いて、「お金を送って下さい。母には夏物の着物を送らせて下さい」と頼みました。いま書簡が到着しましたら、母親に安陸県で安い絹地を見つけて肌着を作れるのであれば、母に必ず作らせて、お金と一緒に着物を送ってください。もし絹地の値段が高いようでしたら、ただお金だけを送ってくだされば、黒夫は自分で探します。黒夫らはちょうど淮陽での戦争に参加し、反抗している敵の城を長らく攻めているところですが、まだ負傷はしていません。母にはどうか黒夫へ送るものは少なくありませんがよろしくお願いいたします。この手紙が到着しましたら、皆様にお伝えください。家に戦功の爵《しゃく》を持ってくるのかどうかわかりませんが、黒夫はまだ得ていないことを伝えてください。王得、苟得は変わりないですか。家に爵をもってきましたか。……黒夫と驚のために姑の姉の康楽、孝須の故術、長姑、外内の安否を尋ねてください。……黒夫と驚のために東室の季須の苟得はいかがか尋ねてください。黒夫と驚のために嬰記に季節ごとの仕事はうまくやっているか尋ねてください。うまく終わりましたか。黒夫と驚のために夕陽の呂嬰、匝《ろう》里《り》の閻諍、丈人はいかがか尋ねてください。驚は新負、妴はいかがか尋ねています。新負は一所懸命に丈人の面倒を見ていますか。……

もう一枚の木牘には驚が家族に宛てた八七字が見える。

　驚はこころから衷にお尋ねいたします。母はお変わりございませんか。家族や母方の親戚は……、母は元気でお変わりないですか。こちらは従軍して黒夫と一緒におり、みな大丈夫です。……銭と衣については、母にはどうか五、六百銭を送ってください。布はいいものを二丈五尺をくだらないようにお願いいたします。……垣柏銭《えんはくせん》を用いてください。家族からの仕送りがなければ死んでしまいますので、至急お願いします。驚は新負と妴にいろいろとお尋ねしますに、妴みな変わりないようにしていますか。新負は二親の老人をできるだけ面倒見てください。驚は家を遠く離れていますので、衷が娶を指示して遠方に出かけて薪を取るようなことはさせないで下さい。衷は……新たに占領した城内は、多くは住民が逃亡してもぬけのからです。そこでもとから服属した人々のなかから法令に従わなかった罪人を選び出して移住させています……驚のために祭祀を行い、もし怠ってしまうことがあれば、反抗している城中にとどまっている私の責任です。驚は念のため姑の姉に尋ねますが、姑の姉の子の産はお変わりないですか。新占領地には盗賊が出ていますので、衷は出むかないように。とり急ぎご連絡いたします。……

この家書の木牘はすでに籾山明、尾形勇両氏が口語訳で一部分を紹介されている。当時の書面体という珍しい文章ということもあって難解なところがあり、解釈はいろいろと分かれているので、あえてまた筆者の全文の訳文を提示した。この内容から理解できることは、秦と楚の戦争に南方の安陸から出兵させていること、当時の兵士は自分の実家から銭衣、つまり金と衣服を仕送りしてもらっており、その仕送りがなければ死にいたるなど深刻であったこと、その衣服の生地は金銭で購入し、その価格も土地によって異なっていたこと、そしてかれら庶民にとって戦争とは戦功の爵を得る場であり、家族や一族の者はそれを期待して戦地に送り出していた、などのことである。戦地と故郷の間でこのような書簡が往復できるほど交通や郵便事情が整備されていたことにも驚かされるが、なによりも秦と楚との戦争が、庶民にとって見れば、戦功を立てて家に利益をもたらすものであったことが理解できるのである。始皇帝の統一のための正義の戦争という意識などみじんも見られない。

籾山氏は「母操夏衣来」の部分を「毋操夏衣来」ととり「夏服をもってくる必要はない」と前に手紙に書いたとしているが（『秦の始皇帝』白帝社、一九九四年）、尾形氏は、前にお金を送ってほしいと書いたが、戦争が長引いたのでそちらで夏服を買ってほしいと解釈している（尾形勇・平勢隆郎『中華文明の誕生』中央公論社、一九九八年）。

六国王の最期のあいまいさ

楚の滅亡は始皇二十四年（前二二三）で間違いない。しかし『史記』秦始皇本紀では負芻の後に即位した昌平君の死をもって滅亡とし、楚世家、六国年表、王翦列伝には昌平君のことはまったく出てこないで楚王負芻の死をもって滅亡としている。平勢隆郎氏の『新編史記東周年表』では、秦始皇本紀に合わせて六国年表を一年ずらせて矛盾を修正している。それはそのとおりだが、この場合の『史記』の内部齟齬《そご》には、重要な意味があるのではないだろうか。つまり秦の相国にして嫪毐の乱の鎮圧に功があったが、なんらかの理由で楚に帰国した昌平君の王権を認めるか否かという問題がひそんでいる。昌平君、昌文君の二人は姓名もわからない。趙の場合も燕の場合も、同様の問題があった。趙王遷は始皇十九年（前二二八）に王翦の捕虜となっている。そこで公子の嘉は代で自立して六年間の王権を維持している。始皇二十五年（前二二二）その嘉が秦の王賁に捕まって代は滅んだ。趙の滅亡は趙王が捕虜になった前二二八年ともいえるし、代王が捕虜になった前二二二年ともいえる。燕も始皇二十一年（前二二六）、荊軻を派遣した首謀者太子丹は殺されたが、燕王喜の方は遼東に逃亡したので、始皇二十五年（前二二二）遼東が陥落して喜が捕虜になったときに燕は滅んだと見ることができる。さらに韓も、始皇十七年（前二三〇）に王の安が秦に捕まって滅んだ。しかし今までこのときに韓が滅んだとされてきたが、同時代史料の編年記には『史記』にない韓王安の行方が記されていた。始皇十七年（前二三〇）には「韓を攻む」とあるが、その後、始皇二十年（前二二七）には「韓王□山に居す」とあり韓王安は都から別の所に移されたことがわかる。韓王安は『史記』で国が滅ぼされた年には殺されていない。さらに編年記によれば、始皇二十一年（前二二六）に「韓王死す」という新たな事実が記されていた。わざわざ「韓王死す」と記録した意味は大きい。編年記の今二十四年の記事は文字が不鮮明で判読が困難である。「□□□王□□」というのが、六国年表のように楚王負芻を虜にしたと読めるのか、それとも秦始皇本紀のように荆（楚）王昌平君が死を迎えたと読めるのか、興味深いところである。

六国の王が捕虜になって退位させられたり、都を追われた時点で国が滅んだとすれば、韓（前二三〇年韓王安捕虜）、趙（前二二八年趙王遷捕虜）、燕（前二二六年太子丹の死、燕王逃亡）、魏（前二二五年魏王仮捕虜）、楚（前二二四年負芻捕虜）、斉（前二二一年斉王建捕虜）という順番となる。もし王が都から逃亡して生き延びたり、王は捕らえられても別の王が自立して生き延びた場合、その延命の時期まで含めれば、韓（前二二六年韓王安の死）、魏（前二二五年は変わらず）、楚（前二二三年昌平君の死）、燕・趙（前二二二年燕王喜と代王捕虜）、斉（前二二一年は変わらず）ということになる。ようするに六国の最期は、私たちが考えるようにきっちりしていないのである。秦から見れば、いつまたどこに戦国六国の王が自立するのかわからない不安を残している。戦国は終わらないままに統一を迎えたのであった。

どちらの見方でも斉の滅亡は最後に来る。斉だけは年を越して始皇二十六年（前二二一）に秦によって滅ぼされた。始皇二十五年の秦始皇本紀の記事では、代王嘉が捕虜になったあとに二つの事件が起こっている。一つは秦の王翦が江南の地を平定し、越君を降参させ会稽《かいけい》郡を設置したこと、そしてもう一つは五月に天下に大酺《たいほ》、つまりひとびとが集まって宴会することを許可したことである。この事件の意味は深長である。越君を滅ぼしたことは、六国の王のほかに、まだ秦に敵対する勢力があったことになる。『史記正義』では、楚の威王が越を滅ぼしていたが、その残余勢力が君長と称しており、このときに滅ぼされたという。また後者の記事は、やはり『史記正義』では、秦が韓・趙・魏・燕・楚の五国を平定したので、天下の人々に乾し肉を与えて宴会をさせたという。しかしまだ斉の国が残っていながら、なぜこのような行動に出たのか疑問が残る。あとからさかのぼって見れば、奇妙なことのように思われるが、同時代の眼で見れば、おかしなことではなかったのだろう。すなわち、秦にとって斉は特別の存在、かつて東帝、西帝を同時に称した関係である。始皇二十五年段階では斉と天下を二分する体制も考えていたのであろう。

　筆者とともに始皇帝巡行の経路を山東を中心に調査した周振鶴《チョウチエンハ》氏は、「仮如斉国統一了天下（もし斉が天下を統一していたならば）」という興味深い文章を書いている（『随無涯之旅』生活・読書・新知三聯書店、一九九六年）。秦は中央集権、農本主義の道を歩んだが、東方の斉は別の方向を目指していた。政治的には分権をめざし、国都に権力が集中しないように四つの都を併存させて五都という制度をとり、経済的には商工業を重視した。文化的には秦が焚書《ふんしょ》（商鞅変法のときにすでにあり）に見られるような愚民政策をとったのに対して、稷下学派《しょくかがくは》の活躍に見られるように、自由な言論を重視した。そして宗教・信仰の面では、秦は天帝を中心とした諸神を西県、雍城などに集中して祭っていたのに対して、斉はのちにふれる八神を分散して祭っていた。こうした両極の違いを認めながら、斉が天下を統一していたならば、中国が別の方向を歩んでいたという可能性に言及している。そうした東方から秦の統一を見る眼は、つぎの皇帝の時代以降の統一を再検討するなかで生きてくる。

皇帝の統一事業

始皇帝の顔

皇帝に出逢った東方の二人

戦国秦は前二二一年東方の六国を滅ぼして、秦王政《せい》はみずから皇帝と称し古代帝国をうち立てた。文字、車軌、度量衡《どりょうこう》、貨幣などを統一し、全国を郡県制によって直接統治しようとした。しかし中国史上はじめて成立した統一帝国も、十分な中央集権の支配体制が整わないうちに崩壊してしまった。秦に反発する勢力が、わずか一五年でこの帝国を滅ぼしてしまったのだ。この統一秦の一五年史は、『史記』では秦と東方六国の双方の立場が交錯する記述をとっている。司馬遷《しばせん》が依拠した『秦記』や刻石など秦側の史料では、当然ながら秦が実現した統一を正当化する立場で書かれているし、一方で司馬遷が地方で見聞した伝説は反秦の立場で書かれており、それらを秦側の史料の間に入れ込んでいった。

一五年の秦の後に出てきた勢力は、秦に滅ぼされた楚《そ》の将軍の家に生まれた項羽《こうう》と、東方の農民の出身であった劉邦《りゅうほう》であった。この楚漢の抗争が五年続き、最後は漢王劉邦が漢帝国を築くことになる。このわずか一五年の時代、秦王政自身でいえばわずか一二年の皇帝の時代でありながら、数多くの伝説が生まれていったのである。なぜならば、始皇帝ほど都を離れて、全国を回った古代の皇帝はいなかったからだ。始皇帝と旧六国の地方との接点に、諸伝説が生まれていったといえる。

始皇帝と項羽・劉邦との出会いについてはおもしろい伝説が『史記』に載っている。司馬遷は『史記』のなかでは、秦始皇本紀、項羽本紀、高祖本紀と順番に並べて秦楚漢の王朝交替を記述している。秦漢と直接続けずに、項羽の楚を介在させたところに一つの歴史観が現れている。秦から戦国楚を復興した楚を介して漢へと続く。始皇帝が前二二一年東方六国を滅ぼしたあと、その地を巡行した。巡行とは巡狩《じゅんしゅ》、巡幸ともいう。皇帝が臣下を引きつれて領地を狩りをしながら回る行動であり、始皇帝の場合、全国の山川の祭祀をする目的で巡った。前二一〇年、最後の巡行で江南地方を訪れたときのことだ。項羽と伯父の項梁《こうりょう》は始皇帝一行を見かけた。項羽が発したことばは「彼に取りて代るべきなり」

というものだった。項梁はあわてて項羽の口をふさいで、「みだりなことをいうものではない、一族みな殺しにあうぞ」といったという。始皇帝はこのあと北上し、山東半島をまわり沙丘《さきゅう》というところで病死した。続く二世皇帝の時代、項羽らは秦に滅ぼされた楚を復興しようと反乱を起こした。項羽の祖父の項燕《こうえん》は、かつて秦の軍隊が押し寄せるなか、抵抗して殺された人物である。

一方、劉邦は現在の江蘇省の地方で亭長という村の治安を守る役人をしていた。罪人を労働力として咸陽《かんよう》へ送る仕事をしていたときに始皇帝を見て、「ああ、大丈夫《だいじょうぶ》は当《まさ》に此《かく》の如《ごと》くなるべし（ああ男子たるものあのようになりたいものだ）」といったと伝えられている。項羽や劉邦が始皇帝と出逢ったことは事実でも、そのときに発したことばは、記録されるものでもなく、後世の伝説といえる。二人のことばは、司馬遷の史観そのものを反映している。実際に二人のことばのとおり、秦の三代目の子嬰《しえい》を殺し、都咸陽を焼き、始皇帝陵を暴《あば》いて秦を滅ぼしたのは、始皇帝に取って代わりたいといった項羽であった。一方の劉邦は西楚覇王《せいそはおう》項羽のもとで漢王となり、最後に項羽を破って皇帝になり、始皇帝の統一帝国を受け継いだ。始皇帝のようになりたいということばは、権力を奪取するのではなく、継承していくことを象徴したことばである。

考えてみれば、秦も楚も漢ももとは小さな国であった。その西方の一地方の王が大きな天下を治めて帝として君臨した。私たちはこの中国的な天下を帝国と呼んでいる。秦王政は皇帝、すなわち始皇帝となり、項羽は楚の懐王《かいおう》を義帝として立てて自らは一歩しりぞいた形で西楚覇王となり、漢王劉邦は諸王の上に立って皇帝になった。三人の立場は、中国を一つにまとめようと試みた三つの方式を示している。唯一の帝が郡県制の上に君臨する帝国の秦、名目的な帝のもとでの諸王の連合をはかった楚、そして両者の中間の郡国制を選んだ漢、三者の政治体制はそれぞれ別の形態をとった。それだけ戦国時代の体制を一気に統一体制にもっていくのは困難であり、試行錯誤の時間と方策が必要であったのだ。皇帝劉邦も諸王を前にして、すべての領土を秦のように直接郡県制で統治するのは困難であった。項羽が一八王を封建してその上に義帝をおいたように、漢も秦の郡県制を引き継ぎながら、一方でこうした楚の政治も取り入れて郡国制をとった。

皇帝の時代の始皇帝伝説も、こうした秦・楚・漢の三者の関係から読み解いていく必要がある。伝説というものは同時代ではなく、一定の時間をへて形成される。『史記』に記述された始皇帝の時代は、一定の時間を経過した漢代の立場で書かれている。それは秦、楚を受け継いだ漢の立場である。秦を直接滅ぼしたのは楚であり、その楚に代わったのが漢であった。いいかえれば、もっとも秦に敵対し怨念をいだいていたのは楚であり、漢はむしろ秦を否定しながら、同時に秦を継承しようとした。

皇帝号の出現

東方の六王を抑え天下を統一した年に、秦王は諸王の上に立つ皇帝という称号をはじめて使用した。皇帝号が生まれるにいたる経過は、秦始皇本紀に詳しい。そこでは、秦王と臣下の丞相《じょうしょう》の王綰《おうわん》、御史大夫《ぎょしたいふ》の馮劫《ふうごう》、廷尉《ていい》の李斯《りし》らとのやりとりの結果で皇帝号が採用されていくことがわかる。しかし司馬遷の記述は、少々不自然であるので、その背景の史実を見ていくことが必要である。

まず秦王から丞相らに、王号に変えて「帝号」のよしあしを議論させる命令が下される。この段階ですでに、秦王は帝という称号にこだわっていることがわかる。すでに秦王の曾祖父の昭襄王《しょうじょうおう》は西帝と一時称したことがあったからだ。いま韓王、趙王、魏王、荊《けい》王、燕王、斉王の六王を退位させたときに、王に代わる帝号が必要になった。そして帝の上に西とか東とかの修飾語をつけて、どのような帝号にしたらよいのかが、秦王の真意であった。臣下たちが審議したところ、天下を一律に支配するようになった秦王の功績は五帝の治世を超えるものであるから、五帝をこえる称号をさがすこととなった。五帝とは黄帝《こうてい》・帝顓頊《ていせんぎょく》・帝嚳《ていこく》・帝堯《ていぎょう》・帝舜《ていしゅん》をいい、いずれも神話の時代の帝王である。博士らはこの帝を避け、古典のなかから天皇、地皇、泰皇という称号を引き、なかでも泰皇がもっとも貴いものであるので、臣下らはこれを提案した。もしこの提案がそのまま通っていたとしたら、皇帝の代わりに泰皇の称号が後世まで残ったかもしれない。

天皇《てんこう》、地皇《ちこう》、泰皇《たいこう》とは、いいかえれば天神、地神、太一《たいいつ》（泰一）神のことである。すなわち天皇とは日・月・星辰《せいしん》などの天神をいい、地皇とは山川などの地神のことである。泰皇はその天神の中心にある上帝、天帝のことである。秦王はこの提案は拒否し、泰皇の皇の字と、上古の帝位の帝の字をあわせて皇帝とした。せっかく泰皇を提案されながら、泰の字を除いたことは、博士らの意図をくみ取っていないようであるが、秦王の真意は、泰も帝も同じ意味であるから、二者択一であれば、帝にこだわったのであろう。皇は煌《こう》に通ずる帝を修飾する「煌々たる」ということばとして選んだ。儒家が理想像として創作した上古の帝王の帝号が周代には王号に下されていた。ここでまた復活したのである。

この皇帝の称号は、同時に採用された詔《しょう》（命令）・朕《ちん》（自称）とともに、以後の中国歴代の皇帝制に踏襲されていくこととなった。同時代史料の刻石や度量衡器、竹簡に皇帝の称号が見えるから、始皇帝が生前、王から皇帝と改称していたことは間違いない。しかしこの皇帝号もこのときにまったく新しく考案されたものともいえない。すでに皇天上帝というこの宇宙世界の統括者である上帝の尊号があり、皇帝はまさにその省略形となっているからである。北宋のときに鳳翔府《ほうしょうふ》の祈年観の基壇から出土した秦詛楚文《しんそそぶん》といわれる戦国秦の刻石があり、そのなかに皇天上帝の語が三回出てくる。この文は、秦の昭襄王が無道淫佚《いんいつ》な楚王熊相《ゆうしょう》（懐王、一説に威王）の罪を皇天上帝、不顕大神などの神々に報告するという形式で書かれている。

古代中国の天の世界とは、ひとつの宇宙である。古代の人々は天は一つの地上にかぶさる球体と考えていた。地上から見上げたドームのようなものである。太陽も月も惑星も、この球体上を移動していく。天球は天の北極を中心に反時計回りに回転し、この中心に天帝が存在すると考えた。北極に近いこぐま座のβ星は帝星といい、おおぐま座の北斗七星は、天帝が乗る車の長柄《ながえ》と車体の形に見立てた。杓《ひしゃく》の先、車体の最後尾のα星は天枢という。これに乗って天帝は天極の周りを巡ると考えられた。中国古代では死者を収める墓室に、こうした地上から見上げた宇宙を表現した。始皇帝陵の地下宮殿の天井にも、天体を描いたと伝えられるので、その中心に天極と北斗七星が見えるはずだ。天極は天の中心であるが、人格化されてはいない。皇帝の称号が生まれた背景には、このような古代の天の思想があった。天帝から地上の統治者皇帝が誕生したのだ。そして皇帝の称号は、あくまで帝に比重があり、皇は修飾語であったことだ。さきの東西帝や、のちに項羽が立てた義帝、秦末に嶺南で独立した南越の王は生前から文帝、武帝と称した。

始皇帝の顔と性格

こうしたファースト・エンペラー始皇帝の容貌と性格については、『史記』のなかで何人かの人間の口から語られている。大梁の人尉繚《うつりょう》は「秦王の人と為り、蜂準長目（鼻が高く目が長く）、摯鳥の膺《しちょうよう》（熊鷹《くまたか》のように胸が突き出て）、豺《さい》の声、恩少なくして虎狼《ころう》の心あり。約に居れば人の下に出で易く、志を得れば亦《また》軽んじて人を食う」という。蜂、熊鷹、豺（やまいぬ。狼《おおかみ》の類）、虎、狼という猛禽《もうきん》や猛獣を持ち出してきて始皇帝の残忍さを表現している。ちなみに熊鷹は森に巣を作り、一番《ひとつがい》が年に一つしか卵を生まず、翼を広げれば二メートルにもなる大型の猛禽類である。方士《ほうし》の侯生《こうせい》と盧生《ろせい》も「始皇の人と為り、天性剛戻《ごうれい》にして自ら用う。諸侯より起ち天下を并《あわ》せ、意得て欲に従い、古《いにしえ》より自り己《おのれ》に及ぶもの莫《な》しと以為《おも》う」という。いずれも直接話法で語られ、実際に始皇帝を観察して述べたかのようである。

前二二一年、皇帝号を採用したときに、同時に諡号《しごう》を廃止し、始皇帝という称号を定めている。諡号は死後にその者の生前の行為を評価して決めるので、子や臣が父や君を評価するのはよくないというのが理由であった。始皇帝のあとは世代を追うごとに二世、三世と万世まで無窮に伝えていけという命令であった。これまで秦王政以前の王は、荘襄《そうじょう》、孝文《こうぶん》、昭襄《しょうじょう》、悼武《とうぶ》、恵文《けいぶん》というように二字の諡号がつけられてきた。たとえば父の荘襄王は、生前太子のときには子楚という名で呼ばれ、王に即位してからは王とのみ呼ばれ、死んでからはじめて荘襄王という諡号がつけられた。そうした諡号を廃止する命が、皇帝になった嬴政《えいせい》自身から発せられた。

かつて栗原朋信は、この始皇帝という称号は崩後のものであり、生前にはけっして始皇帝ということはありえないので、始皇帝という称号の出てくる直接話法のさきの文章は、始皇帝の死後、始皇帝を非難する人々によって創作されたものだと考えた（『秦漢史の研究』吉川弘文館、一九六〇年）。尉繚と侯生らのいいかたは、前者は統一前の秦王の性格をいい、後者は統一後の始皇帝について語っている。両者の表現が妙にうまくつながっていることに、たしかに作為性が感じられる。尉繚は秦王が困窮しているときには人に謙譲し、意志をなしとげて得意になると人を食った態度になるという。尉繚が言いたかったのは、今は自分にへりくだっていてよいが、天下に志を得たらみな秦王の虜となるから、ともに長くはつきあえないということだ。侯生らの観察は、それを受けるかたちでまさに統一後の始皇帝は傲慢な帝王になったことを意味する。

そもそも尉繚という人物については『尉繚』二九編の作者として名を知られている。この書はもともと雑家《ざつか》に入るものであるが、北宋以降兵家の書に分類された。書のなかに梁《りょう》の恵王との対話が見えるので、尉繚は始皇帝よりも一〇〇年前の人物である。したがってここに登場し秦王を観察した尉繚は別人ともいえ、司馬遷の誤記の可能性もある。どうも信頼すべき史料とはいえない。

栗原説は今では通説になっており、アメリカのダーク・ボッドも賛同している（*The Cambridge History of China Volume 1, The Ch'in and Han Empires*, Cambridge University Press, Cambridge 1986. 中国語版『剣橋中国秦漢史　公元前二二一—公元二二〇年』中国社会科学出版社、一九九二年）。しかし、疑問がないわけではない。呂宗力《リュツオンリ》氏（香港科技大学）は、栗原説に反論を加えた（中国秦漢史研究会第七回学術討論会「『史記』秦始皇本紀に見える史実の信頼性」）。呂氏は始皇帝という称号は死後に使用する諡号ではないから、生前でも正式な場でなければ、始皇帝という尊号が称された可能性があるという。侯生と盧生の対話はまさにこうした私的なものであり、かれらは実際に始皇帝と呼んでいたというのだ。始皇帝が諡号ではないことは、栗原も認めることであるが、問題は嬴政が生きているときに始皇帝と称したかどうかである。嬴政の生きているときの同時代史料のなかで、始皇帝

図9　始皇帝像（「三才図会より」）

という称号が見えれば、栗原説が否定され、呂説が証明されるのだが、今のところまだそのような史料は出現していない。

　こうした始皇帝の肖像はもっとも古いもので前漢時代の画像石（河南省唐河県針織廠前漢墓画像石）に見える（『南陽漢代画像石』文物出版社、一九八五年）。漢代の画像石には、先にもふれたように荊軻《けいか》が暗殺しようとする場面に秦王の姿が画かれている。これらの多くは荊軻の義挙を讃えるものであったので、秦王の姿も狼狽《うろた》えた滑稽なものに描かれている。顔はその時代が反映する。秦の王を画きながら、漢代の人間や生活が画面に反映されるものである。私たちが始皇帝に関する書物でよく目にする始皇帝の肖像は、明代の『三才図会《さんさいずえ》』に画かれたものである。古代の始皇帝の実像とは、かけ離れたものになっている。秦始皇帝陵の兵馬俑坑《へいばようこう》から出土した軍人俑には、秦人のリアルな姿が一体一体、個性的に画かれている。秦王に近い顔は、ここから捜し出すほうが近い。蜂準長目の顔、熊鷹のような厚い胸の兵士俑を捜すとおもしろい。推定八〇〇〇体の兵馬俑のうち兵士俑は七〇〇〇体といわれている。すべて掘り出していないので概数である。そのなかに将軍とか高級軍吏とかいわれている俑は一号坑に七体、二号坑に二体の計九体ある。一号坑はまだ五分の一程度しか発掘していないのに、八台の戦車に付して七体の将軍俑が見られるから、全体を掘れば戦車の数に近い将軍俑が出てくるはずだ。頭に二つに分かれた山鳥の尾の飾りをつけた鶡冠《かっかん》をつけ、

図10　１号坑Ｇ２の将軍俑

指揮をとる戦車に乗っているのが共通点である。山鳥は雉《きじ》より大きく、勇猛な性格があるので、尾羽を武人の冠につけた。『史記』に名前が残っている白起《はくき》、王翦《おうせん》、蒙恬《もうてん》、章邯《しょうかん》らの将軍たちとは違うが、兵馬俑坑の軍団のなかでは最高位のリーダーの俑を将軍俑と呼んでいる。かれらのなかには戦袍服《せんぽうふく》を着用しているものもいるが、ほとんどは魚鱗の形の鎧を着用し、両手は下ろしていたり、両手を重ねて長剣を立てているポーズをとっている。髭や顔には個性がうかがえる。体格はいずれも「摯鳥の膺」の条件を満たしている。蜂準長目でいえば一号坑G2（二号過洞）の二体の将軍俑が近い。

秦帝国を支える思想

秦水徳説の真相

統一時に秦は五行のうち水徳を王朝のものとして採用した。目的は周王朝に代わる王朝としての正統性を得ようとしたのである。五徳（木火土金水）が交替するいわゆる五徳終始の説（五行相勝〈剋〉説）によれば、周は火徳であるから、周に代わった秦は火徳に勝つ水徳とするというものだ。睡虎地秦墓出土の『日《にっ》書《しょ》』にも、「金勝木、火勝金、水勝火、土勝水、木勝土」とある。火に水が勝つのだからその関係はわかりやすい。最後の周王赧《たん》（赧はちなみに恥ずかしくて顔を赤らめる意味）が亡くなってから三五年、秦が天下を治めた正統性を主張した。さらにさかのぼれば黄帝は土徳、夏は木徳、殷《いん》は金徳に位置づけられている。

五行説によれば、水徳は季節で冬（十月〜十二月）、数字で六（五〜九の数字を五行に配当）、色は黒であるから、それにしたがって制度を定めた。年始の朝賀を十月に改め、衣服・旄旌《ぼうせい》（旗飾り）・節旗《せっき》（はた）はみな黒にした。また符（割り符）や法冠（かんむり）も六寸（一三・八センチ）の長さ（冠の幅のことか）にした。輿《こし》は六尺（一メートル三八センチ）、一歩の長さは周では六尺四寸としていたが六尺とし、車馬の馬も六頭にした。河水（黄河）も徳水と改称した。さらに水徳は陰の刑をつかさどるので、厳しく法でさばくのが水徳にかなっているのだとした。

この数字合わせのような制度は現実性のあるものだろうか。かつて、栗原朋信、鎌田重雄両氏は、否定的に見た（栗原前掲書ならびに鎌田『秦漢政治制度の研究』日本学術振興会、一九六二年）。

一九九三年、湖北省荊門市郭店村の一号戦国楚墓で出土した八百数枚の竹簡（郭店楚簡）のなかに、「大一生水」という書物があった。前三〇〇年前後から前二七八年ころの間の時代の戦国楚墓である。秦でいえば始皇帝の曾祖父昭襄王の時代にあたる。秦の将軍白起は、前二七八年に楚の都郢《えい》を占領し南郡を置いた。この書物のなかで、水について説明されている。大一とは太一、泰一とも書き、さきにふれたように万物、宇宙の中心である。この大一がまず水を生み、つぎにその水が大一を助けて天を造る。その天が大一を助けて地を造るという相互作用で天地が創造された。また大一は水を蓄え、適時に活動、循環して万物を生み出す母となっていると説明されている（池田知久監修『郭店楚簡の研究（一）』大東文化大学郭店楚簡研究班、一九九九年）。天地の形成には、水が何よりも重要な役割を果たしている。その水が、一から一〇までの数字のうちの六となぜ結びついたのであろうか。易繫辞伝《えきけいじでん》によれば天の数は奇数の五つ、地の数は偶数の五つ、また一から五までを生数、六から一〇までを成数とし、その最初にくる生数の一と成数の六がいずれも水を生み出し、そのあと火・木・金・土に二から五、七から一〇が配当された（狩野直喜「五行の排列と五帝徳に就て」『東方学報京都第三冊』一九三三年）。『史記』にはまったく説明されていないが、地の統治者始皇帝は、天一生水の一を受け、地六成水の六を聖数と考えたことになる。

　同時代の出土資料から六に関係のあるものを見てみよう。秦の符の実例は、杜虎符《とこふ》（陝西歴史博物館蔵）・新鄭符《しんせいふ》・陽陵虎符《ようりょうこふ》がある。軍隊を派遣するときの青銅製の割り符で、背のところで表裏二枚になっている。六寸の符というのは長さのことであろう。虎符では九・五センチのものがある。竜崗秦簡文には「六寸符」という断片の文章が出てくる。胡平生氏は水徳の六にならった数字そのものであると見ている（劉信芳・梁柱編著『雲夢竜崗秦簡』科学出版社、一九九七年）。

睡虎地秦墓出土竹簡文書は、戦国末から始皇帝の時代のものであるだけに、貴重な資料を提供してくれる。そのなかに、法律答問という法律問答集がある。「甲が牛を盗んだが、盗んだときには身長が六尺、一年繋がれてふたたび測ったところ、六尺七寸であった。何の罪にするのか。完城旦《かんじょうたん》（後出）とせよ」という内容だ。六尺はまさに法律上の責任能力のある年齢を、身長を基準にしようというものである。わかりやすい。同じ内容がもう一つある。「甲は年少で、身長が六尺に満たない。馬を一匹（頭ではなく絹と交換する基準となったので一匹と数えた）放牧していたところ、馬が人に驚いて他人の穀物を一石食べてしまった。罪とすべきか。罪にも当たらないし、穀物を賠償することもない」。ここでも六尺が基準となっている。しかし六尺を法的な責任能力の年齢の代わりに基準身長としたのは、始皇二十六年の統一時ではなく、その前にさかのぼる。中国の公園の切符売り場で、三尺（約一メートル）の身長を基準に入場料をとっていた光景を見たことがある。中国古来の伝統であるかもしれない。

また衣服・旄旌・節旗を黒くしたという実例はあるのだろうか。やはり睡虎地秦簡の効《こう》

（効は俗字）律《りつ》という物品の国家管理に関する法律のなかに、武器の製作に関する規定がある。「殳《しゅ》と戟《げき》と弩《ど》の色を塗るときに、漆《うるし》と丹朱《たんしゅ》とを逆にしたときには、数量の超過や不足といった罪ではなく、製造工程を間違えた罪で罰せよ」というものがある。これら三種の武器は、殳と戟では柄の部分、弩では弓と芯の部分が木製であり、そこに漆の黒を地に、丹朱を上に塗るべきであるのに、逆に塗ってしまったときの工人に対する罰則規定である。秦兵馬俑坑にはこの三種の武器の実物が埋まっていたが、青銅の刃の部分だけ残り、木質の部分は失われている。長沙馬王堆前漢墓（三号墓）では、木質の部分も残された弩が出土した。そこには秦の效律にあるように、漆が塗られていた。木質部分を保護し強化するために漆を塗ったのである。そして最近では、兵士俑の陶質部分に生漆《きうるし》の黒を塗り、その上に白、赤、緑などの色を塗り重ねた彩色のものが発見された。跪射俑《きしゃよう》という弩《ど》を手にして立て膝をついた兵士の色使いを見ると、鎧《よろい》は黒い生漆のままであり、黒を基調にしていることがわかる。

睡虎地秦墓出土の『日書』のなかにも、「甲乙の日に黒い裘《かわごろも》と衣冠を着用している夢を見た場合は、喜事であるから、水辺や谷に行くとよい」と記されている。黒は不吉な色ではないし、黒と水の関係は秦水徳を意味しているのであろうか。

黔首

黔首《けんしゅ》ということばは秦始皇本紀によれば、始皇二十六年に民のことを黔首と改めたとある。黔首とは黒い頭、官吏が冠をかぶるのに対して頭髪を露出しているので黔首といった。唐の孔穎達《くえいたつ》は庶民は黒い頭巾《ずきん》をかぶるので黔首といったというが、髪の毛の色であろう。ただなぜ黒ではなく黔という特殊な字を使ったのだろうか。後漢の許慎《きょしん》の著した『説文解字《せつもんかいじ》』では、周の黎民《れいみん》ということばの黎（くろ）の字を、秦は同じ意味の黔に改めたのだと説明している。そもそもすべての光を吸収する黒という色も、人間の眼には微妙である。『説文解字』では、黒はもともとものが燃焼した色であるが、ほかにも深い黒を黯《あん》、赤味の黒を䵘《しょう》と使いわけている。青味の黒では黤《あん》のほかに、浅青がかったものを黲《さん》、微青のものを黝《ゆう》という。黄色味の黒も黅《こん》のほかに、黄濁した黒を黗《とん》、浅黄のものを黚《けん》と区別している。さらに桑の実の黒を黮《たん》、黒い木を黟《い》ともいい、中国古代の人々は実に多彩な黒を区別していた。漆黒《しっこく》、烏黒《うこく》という二字のことばは、漆のような黒、烏のような黒の意味であるが、黒を偏においた形声文字は一字だけで黒の色の違いを微妙に表現していた。したがって黔首の黔も、民衆が多く集まったときの髪の毛の黒を表現したことばであろう。

秦の公式の文書にこの黔首がどれだけ出てくるだろうか。泰山刻石と碣石《けっせき》刻石を除く嶧《えき》山《さん》、之罘《しふ》、東観、会稽《かいけい》の各刻石のなかに黔首が出てくるし、秦始皇本紀のなかでも、始皇三十一年の記事に「黔首に里ごとに六石《せき》の米、二羊を賜う」あるのは、秦の正式の文書にあった黔首であろう。一九八九年に睡虎地秦簡と同じ雲夢県の竜崗六号秦墓で出土した竹簡の法律文書には九例あり、黔首は公文書のなかに定着していた。そのなかの七例は法文の冒頭が黔首のことばではじまる。たとえば「黔首の犬、禁苑中に入りて獣を追い捕うるに及ばざる者は殺す勿《なか》れ。其《そ》れ獣を追いて獣を捕うるに及ぶ者はこれを殺せ」（四八・四九簡）とある。民の犬が禁苑に入り込んで、なかの動物を追い回して捕らえた場合は、犬は殺されるという内容だ。この黔首のはじまりは始皇二十六年よりさかのぼるが、明らかに法律という公式の文章語として黔首が使われていた。ちょうど現代中国が人民ということばを公式に使うのと同じだ。ちなみに人民は古くは『史記』貨殖《かしょく》列伝に「中国人民の喜び好む所」という言い方で出てくるが、現代では「広く働く人々を主体とする社会の基本成員」（『中日大辞典』大修館書店）をいう。

　さてこの黔首改名は秦の水徳採用と関係があるのだろうか。南朝宋の裴駰《はいいん》（『三国志』注釈者として知られる裴松之《はいしょうし》の子）の『史記集解《しっかい》』のなかに、後漢の応劭《おうしょう》の「黔も亦黎黒《れいこく》なり」ということばが引用されている。五世紀に書かれた『史記集解』は、現存する最古の『史記』注解書である。このなかには、後漢時代から五世紀まで四〇〇年間の『史記』や『漢書』の注釈の逸文が収められている。魏晋時代は『史記』よりも『漢書』のほうが評価されたので、『漢書』の注のなかで『史記』が校勘された。後漢の張晏《ちょうあん》、鄭玄《じょうげん》、応《おう》劭《しょう》、蔡邕《さいよう》、服虔《ふっけん》、魏晋の文穎《ぶんえい》、臣瓚《しんさん》、如淳《じょじゅん》、徐広、譙周《しょうしゅう》らの『史記』の注釈は、より秦の時代に近いだけに、私たちの気づかない点をいろいろと示唆してくれる。しかし文章は断片であるだけに、注意して読まなければならない。この応劭の注釈の意味は、さきの『説文解字』にあったように、周の黎民を秦は黔首と改めたことに対して、黔も黎と同じ黒の意味であると説明しているだけのものである。秦水徳説を批判した鎌田重雄、栗原朋信は、応劭が水徳にしたがって黔首と改めたと注釈しているのではないかといっているが、読み過ぎであろう。裴駰の注釈の特徴は、淡々と他人の注釈を引用するだけで、とくに自分の意見を述べるときには、「駰按《あん》ずるに」ということばをはさみこむ。

『史記集解』がもっとも依拠した南朝宋の徐広の『史記音義』（逸文）から、現行本『史記』には失われている秦始皇本紀の本来の文章を復元することができる。私たちが一般に用いている中華書局本の『史記』では、本文の該当個所に注の番号をつけて段落ごとに注をまとめている。私たちが現在論文に注をつけるのと同じだ。しかし現存する線装本の刊本、すなわちもっとも古い北宋代の十一世紀以降、元、明、清代に出版されたものを見てみると、本文に続けて二行の割り注をつけている。たとえば南宋十二世紀末の黄善夫刊本（宋代の刊本ではもっとも優れているので民国時代に百衲本《ひゃくのうぼん》二十四史として刊行）では、始皇三十一年のあとに、徐広曰使黔首自実田也と注釈している。徐広は、本文には「三十一年」という年号しかないのに、なぜこのような注をつけられたのであろうか。徐広は『史記』がまだ印刷される前に書写されていたころの古本を各種見ているので、「使黔首自実田也」（黔首をして自ら田を実《つげ》しむるなり）という六文字が三十一年の本文に入るものがあったのかもしれない。人民に土地の面積を自主的に報告させた法令がこのとき出された。統一の五年目にして情勢も落ちついてきたので、土地の所有高を自主申告で記録したのだ。現在伝えられる『史記』を補う貴重な記事である（平中苓次「秦代の自実田について」『中国古代の田制と税法』東洋史研究会、一九六七年）。

法治主義の実態

水徳が陰の刑をつかさどるので、秦は厳しく法でさばいた、と秦始皇本紀には記されている。始皇帝と法の関係は、秦始皇本紀の始皇三十五年にも、方士《ほうし》の侯生《こうせい》と盧生《ろせい》のことばのなかに見える。

「専ら獄吏を任じ、獄吏は親幸を得たり」とか、「上、刑殺を以て威を為すを楽しむ」とか、「天下の事、小大と無く皆上に決し、上は衡石を以て書を量り、日夜呈あり、呈に中《あた》らざれば休息することを得ず」とか見える。当時上奏された文書は竹簡であったはずだから、その文書をはかりで量り、一日一石《せき》(一二〇斤、一斤＝二五〇グラム)三〇キロのノルマに達しなければ休息しなかったという。呈は程、秦代の法律用語では一定の決められた分量を示す用語であった。秦の時代の権《けん》(おもり)には一石権というものがあるから、それ一つに相当する重量だ。始皇帝が厳格な法治主義をとったという話は、劉邦《りゅうほう》が秦都咸陽に入ったときにも出てくる。劉邦は咸陽周辺の県の父老・豪傑と約束を交わした。中国古代の約束は、現代のような日常的なものではなく、集団内の内部規律のような厳しいものであった。父老たちは秦の苛法《かほう》に長いこと苦しんできたので、秦の法を除き、法三章、すなわち「人を殺す者は死、傷つけたり窃盗した者は罪するという、劉邦の反乱集団の規律を、まだ法律制度の整わないときに関中の地に適用した(増淵龍夫「戦国秦漢時代における集団の『約』について」『中国古代の社会と国家——秦漢帝国成立過程の社会史的研究——』弘文堂、一九六〇年、のち岩波書店新版)。しかし現実には法三章では統治することはできず、漢の丞相となった蕭何《しょうか》はむしろ秦法を整理して律九章を作っていった。九章とは盗・賊・囚・捕・雑・具・戸・興・厩律を指している。

一九七五年の睡虎地秦簡と、一九八三～八四年の張家山漢簡（漢律約五〇〇枚、奏讞《そうげつ》書二〇〇枚）の発見は、それまでこの故事に出てくる秦律と漢律の条文そのものを提供してくれた。もはや秦律だけを取り上げて秦の法は煩瑣《はんさ》であると非難するわけにはいかなくなった。秦律が煩雑な法であれば、それを継承した漢律も煩瑣であるということになってしまう。秦漢と共通する律としては、效《こう》・金布《きんぷ》・徭律《ようりつ》などが見られる。また張家山の奏讞書という裁判の判例集には前漢高祖期のものに混じって、始皇元年、二年、六年、二十七年、二世皇帝元年、二年のものも見られたので、蕭何の九章律が秦律を継承したという『史記』の記述は間違ってはいなかったことがわかった。

一九七五年以前は、秦代の法律といえば、わずかながら文献に出てくるだけである。したがって清の時代、漢律の逸文はかなり収集され、杜貴墀《ときち》『漢律輯証』（一八九九年）、張鵬一『漢律類纂』（一九〇七年）、沈家本《しんかほん》『漢律摭遺《せきい》』（一九一一年）、程樹徳『漢律考』（一九一九年）などが出されているが、秦律は数が少ないだけに、まとまった形では出されていない。秦律の残存が少ないのは、統一秦の時代が一五年という短命であったからだけではない。統一秦のもとになった戦国秦の商鞅《しょうおう》の法の時代からみれば、一五〇年近くある。要するに秦律は漢律のなかに吸収されてしまったからである。清の孫楷がまとめた『秦会要』（施之勉・徐復補訂、中華叢書委員会、一九五六年）は秦代の制度史を項目で引けるので便利な書物だ。そのなかに巻二〇から二三の秦の刑法の項には、いくつかの秦律が引かれている。戦国の商鞅の時代の法であるのか統一秦の法であるのかは、区別されずに法律の厳格さを象徴する内容である。たとえば「商君の法は舎人に験なき者はこれを坐《つみ》す（商鞅の定めた法では、宿屋の主人は旅券なしで宿泊させると罪せられる）」（『史記』商君列伝）というのは、商鞅が逃亡先の宿屋の主人から法をつくった本人と知らずにいわれたことばだ。商鞅の法の厳しさを語っている。「灰を道に棄つる者は刑す」とか「馬を盗む者は死、牛を盗む者は加う」（『塩鉄論』刑徳篇）とかいう法律も、秦が厳格な法でよく治まったことを述べたものだ。馬を盗むだけで死罪とは、厳しすぎるようである。牛を盗んだ場合は、馬を盗んだ場合の死罪よりは軽いが、一般の窃盗罪よりも重いことをいったのであろう。睡虎地秦簡では、牛を盗んだ場合、完城旦《かんじょうたん》、すなわち肉刑を加えずに早朝からの築城工事の労働刑（＝城旦）に当てられた。張家山漢簡に見える秦の奏讞書では、牛の窃盗は黥《げい》城旦《じょうたん》、入れ墨の肉刑を施された労働刑であった。これに対して一般の窃盗は、盗品の額によって罰金刑が課せられた。ただ盗品の時価が六六〇銭を超えれば、同じ黥城旦となった。

出土した秦律の細かな規定は、秦の過酷な法支配を物語るかのように細かい。法律答問という問答集からいくつか挙げてみよう。「人と喧嘩をして相手を縛り、髭や眉をすべて抜いてしまったら、どのように罰するか。完城旦とせよ」、「士伍の甲が喧嘩をし、剣を抜いて人のまげを切り落とした場合、どのような罪とすべきか。完して城旦とせよ」、「針や長針やきりを持って喧嘩をしたり、人を傷つけたりした場合、どのような罪とすべきか。喧嘩の場合は罰二甲、傷つけたら黥して城旦とせよ」、「人と殴りあいをして顔を嚙みきった場合、傷口の大きさが一寸四方、深さが半寸であれば、どのような罪とすべきか。人を殴って腫れさせたり傷つけたりしたときの罪と同じくせよ」という具合だ。

政治と占い――日書の発見

秦の政治は決して法律だけに従うことはなく、占いもよく行われている。始皇二十八年、第二回の巡行のときに、始皇帝が湘山《しょうざん》で大風に遭ったときに博士に湘君とは何の神かと尋ねているし、始皇三十六年使者が玉璧を献上したときにも、占いによって玉璧の由来を聞いている。さらに翌年も始皇帝が海神と戦った夢を見たときに、夢占いを博士にさせている。二世皇帝も趙高から鹿を献上され馬と言いくるめられたときに、太卜《たいぼく》に占わせて斎戒《さいかい》をすべきとの提言を得た。太卜とは漢代にも受け継がれた官職であり、奉常《ほうじょう》という国家の宗廟《そうびょう》礼儀をつかさどる官庁の属官であった。漢代ではあの太史令司馬遷の太史と並ぶ重要な官職である。七〇人の博士もこの奉常の下に置かれた。福井重雅氏によれば、始皇帝の時代の博士には法家以外にも儒家が多数いて、各種雑多であったという（「秦漢時代における博士制度の展開――五経博士の設置をめぐる疑義再論――」『東洋史研究』第五四巻第一号、一九九五年）。秦の思想を法家すなわち反儒家としてくくってしまうのは間違いである。

一九七五年に睡虎地秦簡が出土したときに、法律文書とともに『日書《にっしょ》』甲種、乙種という文書も含まれていたが、その内容はしばらくは公表されなかった。文革の時期に秦の始皇帝の時代の法律文書が出土したことが過度に評価され、占い文書である『日書』はそれとは相容れないと判断されたからである。しかしその後『雲夢睡虎地秦墓』（文物出版社、一九八一年）、『睡虎地秦墓竹簡』（文物出版社、一九九〇年）のなかで、原文が図版とともにようやく発表された。工藤元男氏はこうした『日書』を体系的に整理され、法と習俗という視点で優れた成果を出された（『睡虎地秦簡よりみた秦代の国家と社会』創文社、一九九八年）。中国でも呉小強氏によって『日書』の全訳が公刊された（『秦簡日書集釈』岳麓書社、二〇〇〇年）。

『日書』とは、暦に基づいて任官、建築、耕作、旅行、夢などの吉凶を判断する書である。睡虎地秦墓から法律文書の竹簡が出土したときに、同時代の秦の法治主義を生々しく物語るものとして注目されたが、同じ地方官吏の墓に占い文書が入っていたことの意味は大きい。法律が合理的であり、『日書』が非合理的なものというように区別するのは、近代的な視点であり、古代をありのままに理解する態度ではない。『史記』秦始皇本紀に見られる始皇帝諸伝説を読み解いていくうえでも、『日書』の理解は重要である。始皇帝自身の行動のなかにも、『日書』に見える禁忌を意識したものが見える。伝説記事がすべて後世の作為的なものと断言することはできないし、かといって伝説が時間の経過とともに派生的に拡大していくことも事実である。その両者を見極めていくことに、伝説から史実を引き出していく道があるのだろう。法律と『日書』の共存があれば、史実と伝説とが重なり合う世界を見ていくことができる。

諸制度の統一

文字の統一

秦の時代、文字を書くのは官吏であった。官吏は竹筒に入った筆を携帯していた（「甘粛天水放馬灘戦国秦漢墓群的発掘」『文物』一九八九年第二期）。しかし官吏すべてが文字を書くのではない。睡虎地秦簡に見える京師《けいし》管轄の内史に関する律（内史雑）には「罪を犯した官吏は、たとえ文字を書けても、史の事に従ってはならない」とある。つまり文字を書く職務が史であり、史は役所に必要な法律を筆写しなければならなかった。「県は都官の其の県に在る者に告げ、其の官の用うる律を写さしめよ」（内史雑）。睡虎地秦墓の被葬者の喜という人物は、楡《ゆ》史、安陸令《あんりくれい》史、鄢《えん》史といった県の史を歴任した。文字を書く地方官吏であった。漢代の官吏でも、九〇〇〇字の文字を覚えていなければ官吏にはなれなかったから、秦の官吏も李斯《りし》の『倉頡篇《そうけつへん》』、趙高《ちょうこう》の『爰歴篇《えんれきへん》』、太史令胡母敬《こぼけい》の『博学篇』といった小篆《しょうてん》の辞書で文字を学習した。『倉頡篇』の断簡は、安徽省阜陽県双古堆《そうこたい》の前漢汝陰侯竈墓《じょいんこうそうぼ》から出土している。

官吏は日常、小篆ではなく隷書《れいしょ》で竹簡に文字を記したので、行政文書は隷書体であった。始皇二十六年の記事では、文字の統一に関しては、「書同文字」の四字を記すにすぎない。「書は文字を同じくす」とあるだけだ。後漢の許慎《きょしん》は、このことを文字の字形の統一と解釈し、つぎのようにいっている。「秦始皇帝始めて天下を兼《あわ》すや、丞相李斯乃《すなわ》ち奏するに、これを同じくし、其れ秦文と合わざる者を罷《や》めよ」（『説文解字《せつもんかいじ》』）とし、秦の本来の文字と形の合わないものを止めたのである。後漢の許慎の関心は、大篆《だいてん》を簡略化した小篆の字形にあった。大篆は周の太史籀《たいしちゅう》によって作られたという。

「書同文字」に相当する記事は、秦始皇本紀以外で求めれば、「天下の書を同じくす」（六国年表）、「斗斛《とこく》、度量・文章を平らかにし、これを天下に布く」「文書を同じくす」（李斯列伝）とあり、文字ではなく書や文書を統一したと記されている。「文書を同じくす」の『史記正義』では、唐の張守節が、「六国の制令同じからざれば、今これを同じくせしむ」と説明している。字体ではなく制令の統一としているのは、すでに紙の時代に入った唐代の人の解釈といえる。秦は竹簡と帛書《はくしょ》（帛＝きぬに書いた文書）の時代である。その時代の文書形式を頭において『史記』の文章を読み込むことが必要だ。ただし張守節の『史記正義』は、一冊の書としては残っておらず、北宋以降の三家注合本でしかわからない。合本にする際に、散逸した部分が多く、私たちが見る三家注のテキストが本来の『史記正義』であるかは要注意である。瀧川亀太郎の『史記会注考証』（一九三五～三四年）は、書名どおり、『史記』の注釈や評論の書をできるだけ集めて引用し、考証した優れた成果である。『史記』を読むときの必読文献である。そのなかで、さきの正義の注釈は「文書を同じくす」の部分ではなく、その前の「法度を明らかにし、律令を定む」の解釈であるから、やはり文字を一にしたとすべきと主張している。

文書形態の統一

概説書にはよく馬について各国の字形を並べ、秦の小篆の字体に統一されたことが示されるが、実際には竹簡の文書に書かれた書体は小篆ではなく、隷書である。墨と筆で竹簡の札に書く字体は、他国のものが解読できないほどの開きはなかった。現在湖北省南部の江陵、雲夢一帯では戦国楚や、戦国秦の占領から統一の時代の竹簡が出土している。それらを比較して気づくことは、文字の形のほかに、竹簡の規格の違いである。楚簡は一般に五〇～七〇チセンと長く、秦簡の二三～二四チセンと異なっている。まずは竹簡の長さと幅を統一規格にすることが、文書の統一の出発点であった。こうして見れば、秦始皇本紀に記された「法度衡石丈尺を一にし、車は軌を同じくし、書は文字を同じくす」というのは、三者いずれも規格の統一といえる。

文書の形態には、さきの皇帝の称号を採用する際に決定したように、皇帝が直接下す文書には制書と詔書があった。睡虎地秦簡によれば、命書というものもあり、これを実行しなかったり、これを受ける際に席を立たない不遜な行為が罰せられた。竜崗秦簡にも県や道の官に下された制が見える。また証明の文書には符（割り符）や伝（通行証）、券（契約書）があった。さきに定めた六寸の長さも規格の統一である。そのほか律、獄、爰書《えんしょ》（供述書）、鞫《きく》（再審の判決書）、奏讞《そうげつ》書（再審の上申書）、籍（人員名簿）、数（戸籍）、『日書』、暦、また竹簡、木簡の形には牒《ちょう》、方、版などの違いもあった。漢代には尺一（二尺一寸）の詔、二尺四寸の経書、二尺の檄《げき》（軍令）、三尺の律令といった言い方があるから、長さ一尺（二三センチ）、幅五分（約一センチ）を基準にして、文書の種類によって一定の規格があった。秦のときもこのような規格があったはずだ。その規格に違反した場合、関係官吏は処罰された。睡虎地秦簡の司空律によれば、書写材料の木質は柳か柔らかな材質のものを選び、綴じ紐には菅《すげ》を用い、蒲《がま》、藺《いぐさ》で代用するなどの指示をしている。また睡虎地秦簡のなかの封《ふう》診式《しんしき》は、まさに法制文書の書き方を記した手引きであり、このようにして文書を統一規格にしようとした。『史記』でいう文書、文字の統一の実態が、地方官吏の残した出土資料からこうして明らかになった。

度量衡統一の意味

秦始皇本紀始皇二十六年条に「法度衡石丈尺を一にす」とあるので、統一事業として度量衡の規格を定めたといわれる。この「法度・衡石・丈尺」は、それぞれマス・ハカリ・モノサシに対応しているとして度量衡の統一と一般に解釈されているが、そう単純ではない。法度ということばは、マスではなく、また法律でもなく、もっと大きな自然万物の理を指すことばである。私たちが用いているメートルは、地球の極と赤道間の距離から一〇〇〇万分して算出したが、中国古代の度量衡は音から導き出された（拙稿「古代中華帝国の統一法と地域──秦帝国の法の統一とその虚構性」『史潮』新三〇号、一九九二年）。黄鐘《こうしょう》という基準音を出す調律管をつくりその長さを九寸に定めた。一オクターブを一二分した音階を求める方法を三分損益法といい、九寸から交互に三分の一を引いたり（六寸）、足したりして（八寸）、一二の調律管をつくっていく。この九寸は黒黍《くろきび》九〇粒の長さであり、この黒黍を黄鐘の調律管のなかに満たすと、一二〇〇粒入る。この重さが一二銖《しゅ》、その二〇杯分が一升《しょう》となる。『尚書《しょうしょ》』舜典《しゅんてん》にある「律度量衡を同じくす」という表現は、音律と度量衡をあわせて統一したことを示している。

　実際の秦の度量衡器は量（枡《ます》）と権《けん》（錘《おもり》）が数多く出土している。物差しは戦国秦の二四センチの木尺が甘粛省天水市で発見されている（前掲「甘粛天水放馬灘戦国秦漢墓群的発掘」）。地方官吏は竹簡や毛筆とともに物差しも持っていた。現在の日本でも計量法という法律があり、検定証印の付された特定計量器によって計量器の校正が行われている。二二〇〇年前の秦のときに、度量衡器には皇帝の詔書が付されて認定されていた。睡虎地秦簡の工律によれば、県と工室（官営工場）では衡石贏《こうせきえい》（おもり）、斗用升《とようしょう》（ます）を毎年一回、その規格を調整しなければならなかった。衡石の校正では誤差が八両から一六両では一盾《じゅん》相当の罰金刑、一六両以上では一甲《こう》相当の罰金刑、桶《とう》（ます）では一升から二升の誤差では一盾、二升以上では一甲などと厳しく罰せられた。度量衡器に基づいて武器を製造したり、土木工事の工期を計算したりした。

貨幣の統一の実態——半両銭

　秦は半両銭《はんりょうせん》という青銅製の四角い穴あき円銭を用いていた。一両とは重量の単位で二四銖《しゅ》、一五・六グラムであるから、半両銭の額面は一二銖、七・八グラムほどである。実物の半両銭は陝西・四川・甘粛・湖北・山西・河南など三〇ヵ所以上で出土しているが、大きさ・重量・文字・穴あきなど大中小の開きがあって規格は一律ではない。大銭は一二銖もあり、直径が三センチ以上、重さも八グラム以上ある。中銭は六から八銖程度、二・五から三センチ前後で三から六グラム程度のもので、小銭はわずか四銖の重さ、直径二・五センチ以下で三グラムに満たない（関漢亭『半両貨幣図説』上海書店出版社、一九九五年）。半両銭を鋳造する陶器の鋳型も代王鎮で出土しており、直径は二・六センチと二・八センチの二件だ。ただ円形の連なった穴に流し込むだけだから、裏面は素面で何もない。始皇帝陵西側で出土した銅車馬ではあれだけ一寸一分にもこだわる精巧で優れた技術を見せながら、青銅貨幣では少々お粗末な気がする。大中小の半両銭を並べられても、とうてい均等に使えるものではない。

秦の貨幣に関しては、恵文王二年（前三二三）に「初めて銭を行う」とあり、その後は始皇三十七年（前二一〇）の「復た銭を行う」（六国年表）までない。始皇三十七年といっても始皇帝の死後、二世皇帝となる胡亥《こがい》が太子となってからのことである。恵文王二年の「初めて行う」と始皇三十七年の「復た行う」が対応しているのであれば、その間は新しい貨幣の発行はなく、一貫して半両銭が続いていたことになる。したがって始皇二十六年の統一事業の政策には、貨幣政策は入っていない。『史記』巻三〇平準書には漢王朝にいたる財政と経済の歴史が述べられているが、その巻末の太史公自身のことばのなかで、秦の貨幣制度に言及している。「及至秦、中一国之幣為三等、黄金以溢名、為上幣、銅銭識曰半両、重如其文、為其幣」という部分だ。ここの読み方は「秦に至るに及び、一国の幣を中《わ》けて三等と為し、黄金は溢《いつ》を以て名し、上幣と為し、銅銭は識《しる》して半両と曰《い》い、重さは其の文の如く、下幣と為す」と読める。つまり「秦の時代には秦一国の貨幣を三等に分け、黄金貨幣は溢を単位として上等貨幣とし、銅銭は半両と表示して重さはその文の通りとして下等貨幣とした」と述べている。「及至秦、中一国之幣為三等」を「及至秦、一中国之幣為三等」と語順を代えて「秦の半ばになって中国の貨幣を統一して三等に分けた」といい、秦が貨幣の統一を行ったと解釈する者があるが、正しくはない（山田勝芳『貨幣の中国古代史』朝日新聞社、二〇〇〇年）。『史記』のなかではどこを見ても、始皇帝が貨幣を統一したとはいっていない。

黄金と布帛　秦は天下を併せてから、黄金貨幣と半両（八銖）の銅銭の二種の貨幣制度をとったというが（『漢書《かんじょ》』食貨志《しょっかし》）、実際には平準書のとおり三種であった。平準書は中等貨幣にふれていないが、三等の貨幣とは、黄金と布帛《ふはく》と銅銭であった。黄金貨幣は上幣であり、溢（二〇両）という特別の単位で量った。中国古代では金の字は黄金や銅などの総称であった。こまかく区分するために金の字の前に色彩名をつける。赤金は銅、黄金は金、白金は銀、黒金は鉄である。銅半両銭は出土しているが、黄金貨幣の方は残念ながら実物がない。陝西歴史博物館には一九八〇年に咸陽市で出土した前漢時代の金五銖が展示されている。まさに黄金貨幣だ。一九九〇年には洛陽でも金五銖一枚が発見されている。

中国古代の金貨は楚の郢爰《えいえん》、陳爰《ちんえん》が知られている。これは純度九〇%以上の柔らかな金版に、郢爰、陳爰の文字（楚の都の地名）の印をぺたぺたと幾十も押し、必要なときにちぎって使用するものである。秦の二種の貨幣制度はこのような楚の金貨と、周の円銭の伝統を踏襲したものといえる。臨潼《りんとう》の秦櫟陽《やくよう》宮遺跡や兵馬俑坑からは金餅《きんぺい》という平たい円形の餅《ピン》の形をした金がわずかながら出土している。金餅は九九%の純度で重さは二五〇グラムである。漢代になると金餅がさらに多く見られる。一九九九年、漢長安城の東、北十里鋪東村の地下坑で二一九枚もの大量の金餅が発見された（「記西安北郊譚家郷出土的漢代金餅」『文物』二〇〇〇年第六期）。秦代の黄金貨幣を考える意味でも重要な発見である。金餅の大きさは直径五・六七〜六・六センチ、厚さ〇・八二〜一・六四センチ、重さは二四五〜二四九グラムである。平均した二四七グラムの重量はちょうど一斤に相当する。一寸（二・三センチ）の立方体の金が一斤といわれるが、この場合は餅型にした一斤の標準だ。一斤は一六両であるから、この金餅の三二分の一が半両銭の重さとなる。武帝のときに円形の金餅は楕円形の馬蹄金《ばていきん》に変わっているから、前漢初期の金餅は秦の制度を受け継いでいるものと考えられる。

金布律《きんぷりつ》は貨幣や財貨に関する法律である。金は黄金、布は麻布のことだ。睡虎地秦簡には一五条の法文が残っていた。貨幣流通の実態を知るには、貴重な史料といえる。「官府では銭を千銭ごとにまとめ、封印する。銭の善し悪しを混ぜて封印するし、百姓が取引で使用する際には美悪を選択してはならない」。ということは、半両銭には質のばらつきがあり、一定の規格にないことを認めている。度量衡の場合はきっちりしなければならないが、貨幣の場合は額面が通用すれば、質にばらつきがあってもよいことになる。秦の裁判調書にも新銭一一〇枚を鋳造した犯人が検挙され、貨幣と鋳造用の鋳型が押収されたことが述べられている。厳格な品質を問わない銅銭は、民間でも勝手に作られた。このように度量衡、車軌、文書の規格の統一に含める必要がなかったから、始皇二十六年の記事に出てこなかったのだろうか。銭は不統一でも、黄金や布の場合は規格と質が求められた。睡虎地秦墓竹簡の效律（官有物の検査に関する法律）によれば、黄金の重量を量るのに誤差が半銖（四八分の一両）以上出れば、管轄の官吏に罰金が課せられた。また金布律では「布の長さは八尺、幅は二尺二寸。布が悪かったり、長さや幅が規格にあっていなければ流通させてはならない」と、黄金同様に厳格であった。一布の規格は、長さ一八四センチ、幅五七・五センチとなる。『漢書』食貨志によれば周の制度では幅二尺二寸、長さ四丈を一匹とした。漢代には黄金が大量に臣下に与えられ、後世の王朝と異なり黄金流通の時代であったが（顧炎武『日知録《にっちろく》』黄金）、黄金貨幣を上幣とした秦の時代も多かったのだろう。しかし金餅のような黄金は、市場で流通したわけではない。睡虎地秦簡の法律答問によれば、犯罪防止のために告発者には報奨として黄金二両が与えられた。

睡虎地秦簡の法律文書で頻繁に出てくるのは、罰金刑として盾と甲が見えることだ。たとえば小さな家畜が人家に入り、その家の者に撲殺された場合、家畜の値は二五〇銭とすると、家畜を殺した罪は二甲となる。これは二枚のよろいを差し出すのではなく、二甲を金銭に換算して支払うのである。妻と離縁したのに役所に届け出をしなかった場合にも、夫婦ともに二甲の罰金刑であった。一盾、二盾、一甲、二甲、二甲一盾というように、罰金の額は上がっていった。これらは『史記』には見られない新しい事実であり、秦の貨幣を考えるときにも重要である。

そして一九九八年、始皇帝陵東南の地下坑から大量の石鎧《よろい》兜《かぶと》が出土した。一般に鎧兜は革で作られたが、ここでは一着分で六〇二枚の石片を銅の糸で綴《つづ》っている。重さは一八キロと実戦には重すぎる。秦では銭に換算される基準になるほど貴重なものであったので、象徴的な意味をこめて埋めたのであろう。

一二は秦の聖数か

当時の度量衡の単位はなかなか複雑である。十進法だけで割り切れないからである。長さは一〇寸が一尺、容積は一〇合が一升と十進法であるのに対して、長さでも一歩が六尺、重量は二四銖が一両、一六両が一斤、一石《せき》が一二〇斤、一歩が六尺などと複雑である。六、一二、一六などの数字が混じり合う複雑さの理由は、戦国時代に各国が自分たちの度量衡の基準をもち、他国とは換算しながら通用していたからである。秦もそのなかに組み込まれていた。

始皇帝陵北側の外城内の建築遺構から、秦の時代の一四面体の骰子《さいころ》が出土した。一から一二までの数字と漢字二字が書かれていた。戦国時代の燕の下都でも一四面体で一二の数字を書いた骰子が出土しているので、秦の骰子も中原から入ってきたのであろう。この一から一二までの数字を出して、六博《りくはく》盤の双六《すごろく》の駒を進めるゲームだ。駒の数は双方六つずつで一二となる。馬王堆漢墓から出土した骰子は一八面体であり、一から一六までの数字と二字の漢字が書かれていた。一二や一六という数字が、ゲームの世界でも意味あるものであった。秦の『日書』には、一日一二時制と一六時制が見られ、日常的な世界では一二や一六という数字は、特別なものではない。六面体の骰子は唐代には見られるが、秦漢の時代にはまだ出土していない。六博盤には点数を数える算木《さんぎ》が付いていた。湖北省江陵王家台一五号秦墓からは三六個の六面体の駒が出土している。三六という数字にも注目できる。

始皇帝の統一事業を考えるときに、数字が問題になる。水徳の六、三六の郡数、金人一二、咸陽に天下の豪富を一二万戸移したこと、半両銭の重量一二銖、始皇帝の刻石文が四字句一二字で韻をふんでいることなどである。秦が水徳を採用したことに疑念をもった鎌田重雄は、六よりも一二という数字にこだわっている。三六郡は六の自乗ではなく、一二の三倍であるという。水徳の六を否定する栗原朋信も一二は秦の聖数であるとまでいう。しかし、十進法に慣れている私たちの眼から見てこれらの数字が気になるのであって、特定の数字合わせで統一事業が行われたわけではない。

睡虎地秦簡の金布律には、「銭十一を一布に当てる」とあり麻布一枚（幅二尺二寸、長さ八尺）は半両銭の一一銭と交換された。一二ではなく一一という数の倍数は、五五銭、七七銭、一一〇銭、二二〇銭、一一〇〇銭、二二〇〇銭という数値で出てくる。役人が管轄の職務で不正を行った物品の金額を、一一の倍数で提示している。一〇に一余る中途半端な数字と考えるのは、十進法に慣れた私たちの感覚である。ゼロを知らない中国古代の人々は、一〇も一一も一二も一六も同じであった。

竹簡の時代、計算は算木を用いて行われた。戦国秦の時代の算籌《きんちゅう》が発見されている。長さ二〇㌢《セン》《チ》、直径三㍉《ミ》《リ》の細い円筒形の竹製の棒が二一枚あった（前掲「甘粛天水放馬灘戦国秦漢墓群的発掘」）。地方官吏の携帯品が、竹簡、毛筆にもう一つ加わった。

三六郡の位置

秦は統一時に天下を分けて三六郡とし、郡ごとに守（行政長官）、尉（武官）、監（監督官）を置いたと、秦始皇本紀には記されている。秦が中央集権的な郡県制を行ったことを語る史料である。しかしここには三六郡が具体的に何という郡であったのかは記されていない。実際に三六の郡があったのだろうか。実際に確認する方法は、『漢書』地理志の記事から拾っていくことである。地理志には「東郡、秦置く」あるいは「河南郡は故《もと》秦の三川郡」というように、秦以来の郡とあるものを集めてみると、中央に置かれた内史のほかに三六の郡が集められる。しかし地理志のなかには、秦が統一後に匈奴《きょうど》と百越《ひゃくえつ》との対外戦争で得た領地に置いた九原郡や南海・桂林・象三郡が入っているので、『漢書』の著者である班固が集めた秦郡は三六という数字合わせであったことがわかる。後漢の時代には、秦の時代の三六郡の内容がすでにわからなくなっていた。

統一時の三六郡をさぐる研究は、中央の内史、オルドスに置かれた九原郡と南海三郡を除いたうえで、あらたに史料からさぐっていくことで行われてきたが、どうもうまくいかない。王国維は三六という数字が水徳の数字六の自乗であるといい、鎌田重雄や栗原朋信は秦水徳説に批判的な立場から、三六は秦の聖数一二の三倍からきているとする。

三六郡が漢代に作られた郡数であるのか、秦統一時の郡数であるのか、もちろん始皇帝の時代の同時代史料のなかに三六郡が出てくれば解決されることであるが、まだわからない。三六が実態の数字であるとみても、統一時に同時に置かれたわけではない。戦国時代、秦が六国の領地を占領するなかで、郡が徐々に増えてきた。睡虎地秦簡には戦国末から統一秦の同時代の史料として置吏律という法律のなかに、ある段階で一二郡があったことが見える。県・都官・一二郡の官吏の任免は十二月一日から三月末までに行えという条文だ。秦王政の初期の段階の法律であろう。

一九八三年以降九〇年代に入るまで、漢長安城内の秦章台宮の地から、秦代の封泥《ふうでい》約二〇〇〇件が続々と出土し、注目されている。封泥とは、文書や物資を封印するために結び目に着けた粘土のことで、中央、地方の官職名の印が押されていた。たとえば「邯鄲之印」の封泥は、遠く邯鄲郡（河北省）から都咸陽に何かが送付された記録である。秦の時代の官制の空白を埋める貴重な資料だ。そこには内史のほか一四の郡に関わる郡県名を確認することができる。一二郡から三六郡、そして最後は四八郡ほどまで増加していく過程は、秦の領域の拡大を意味している。その三六郡の空間がどのようなものであったのか、つぎに始皇帝の巡行からさぐってみよう。

巡行する皇帝

王が国を治める統治者であれば、地上の帝は国ではなく、理念的には天下を治めるものであった。国境によって限定された国の統治者は、国境の向こう側に別の国の統治者がいることを前提に存在していた。戦国時代の国家理念である。いまその国境が取り払われようとしている。国境のない天下とは現実にはどのような世界であったのだろうか。

始皇帝と巡行

天帝が車に乗って天極を中心に回っているように、始皇帝も轀輬車《おんりょう》（小窓を開閉すれば冬温かく夏涼しいとされた箱型の車）に乗って天下統一の翌年から天下を現実に巡った。現実の秦の天下を理解するには、巡行はおもしろい事実を数多く提供してくれる。戦国時代

図11　始皇帝の巡行（復元阿房宮前殿中央広場の壁画）

の王は、自らの領国内の山川《さんせん》の祭祀《さいし》を行ってきたが、始皇帝はいまや亡き六国の王のために全国を回ることになる。巡行は、統一の翌年の前二二〇年から始皇帝が死を迎える前二一〇年まで、一〇年間に全五回にわたって実施された。『史記』秦始皇本紀には、巡行の記事が年代順に記され、そのほか『史記』封禅《ほうぜん》書には、山川祭祀の立場から重複して記述されている。筆者は文献史料の記述の真意をさぐるために、一九九一年九月に復旦大学の周 振鶴《チョウチエンハ》氏とともに秦始皇帝の東方巡行経路の調査を行った。一ヵ月をかけて連雲港・琅邪台《ろうやだい》・青島・竜口・烟台・成山そして北の秦皇島を回った。またその前には浙江《せっこう》省の杭州・紹興、一九

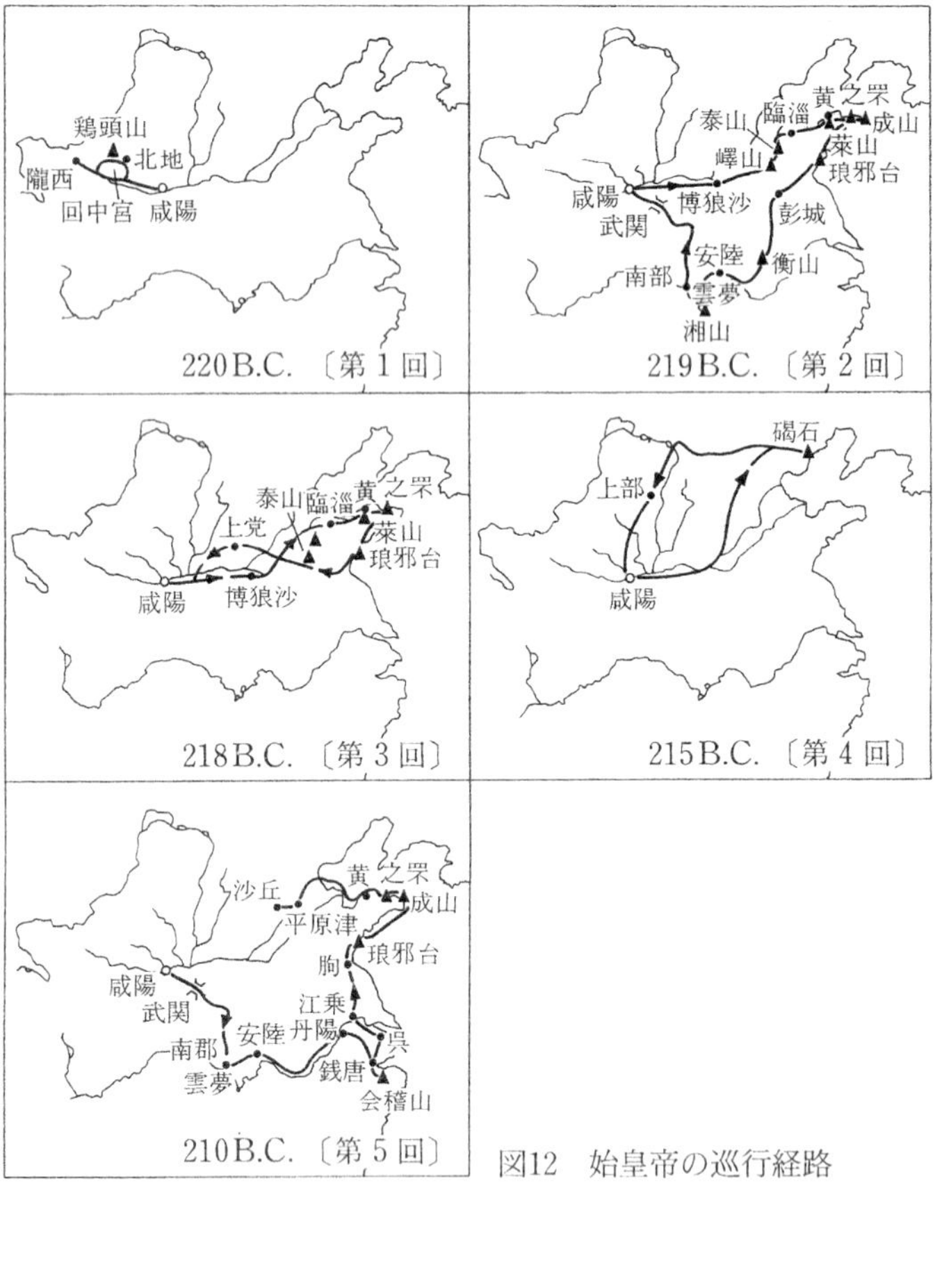

図12　始皇帝の巡行経路

九六年から四年間は陝西省、寧夏回族自治区、甘粛省の黄土高原を回っているので、巡行地全体の様子をとくに地形や景観からとらえることができた。

全経路を回数ごとに地図に落としてみると、図12のようになる。ここでまず気づくことは、中国を最初に統一した始皇帝にしては、中国をくまなく巡っているわけではないことだ。南はせいぜい長江どまり、北は今の北京と同緯度の秦皇島付近までである。北緯三〇度から四〇度のわずか一〇度の幅にすぎない。日本では鹿児島から秋田までの南北の範囲に相当する。咸陽の緯度が奈良付近に相当するから、ここから南は鹿児島、北は秋田を回ったようなものだ。わたしたちは、中国古代史を見るときに、どうしても現在のスケールの大きい中国からさかのぼってしまう。現在の中国、すなわち中華人民共和国は、全面積が九六〇万平方キロ、日本の国土の面積は三七万平方キロであるから、二五、六倍もの大きさである。しかし今から二二〇〇年前の中国は、秦の時代に置かれた三六郡の地を現在の地図に落としてみると、面積は現在の中国の四割程度にすぎない。中国ということばは秦の時代にもあったが、それはいわゆる中原を指し、秦帝国の全領域イコール中国というわけではなかった。秦はもともと西周以来の国名であり、その秦国が六国を破ったときに、全領域を指すいいかたは秦ではなく、天下であった。天帝の下の広大無辺の地域が天下であり、そこには厳密な国境などなかった。戦国時代までの秦（戦国秦）と、統一した時代の天下（統一秦）とは違うけれども、天下という領域は非常にあいまいであったので秦という国名で代用したといえる。

わたしたちは春秋戦国時代の秦と統一時代の秦を区別して、後者を秦帝国と呼んでいる。しかしこれはけっして当時の人々が使用していた名称ではなかった。中国人の概念では、天下を一つにした領域を国ということはありえない。国とは城壁に囲まれた都市や、国境に囲まれた戦国の国々を指していたからである。巡行という事業を通してこうした国境無き天下を見てみよう。巡行の経路の東西は、都咸陽を中心に、西は隴山《ろうざん》、東は海に面した碣石《けっせき》、之罘《しふ》（現在の芝罘島）、成山、琅邪台、会稽山《かいけいざん》の地であった。これらを結んだ地域が始皇帝が巡行した領域であり、これに始皇帝が訪れなかった四川省の巴蜀《はしょく》を加えれば、ほぼ秦帝国の全領域となる。中国の地域区分に、淮河《わいが》・秦嶺《しんれい》山脈の東西ラインによって南北に分けることが一般的であるが、始皇帝の時代の領域を語るときには、南北差はあまり意味がない。この南北のラインは年間降雨量八〇〇ミリ、年間平均気温一五度の境界であり、ここより北方は乾燥寒冷の小麦地帯、南は湿潤温暖の稲作地帯であるといわれる。秦の時代は、むしろ東西の地形差に注目した方がよい。西は高原、東は平原という対比である。

戦国七国の国都のなかで秦都咸陽《かんよう》だけが海抜四〇〇㍍《メートル》に位置し、残りの東方六国の国都はすべて海抜一〇〇㍍《メートル》以下の平原に位置している。ここは秦から見て東方の大平原である。この大平原は、地理学では黄河下流の華北平原、淮河（淮水《わいすい》）流域の黄淮《こうわい》平原、長江流域の長江中下流平原という別の名称があるが、実際にはすべてつながっている。すべてつなげた名称が見あたらないので、東方大平原と呼ぶことにしている。黄河の下流、現在の河南省開封、先にふれたようにここはかつての魏都大梁《たいりよう》（河南省開封）であり、戦国時代には啓封《けいほう》と呼ばれていた。のちに前漢文帝劉啓の名を忌み避けて開封となった。「封を啓く」、まさにここから平原が開いていく場所であり、大平原の扇の要《かなめ》にあたる。韓都新鄭《しんてい》（河南省開封）はその西南、その扇の上に趙都邯鄲《かんたん》（河北省）、燕都薊《けい》（北京）、斉都臨淄《りんし》（山東省）、楚都寿春《じゅしゅん》（江蘇省）がすべて乗っている。平原であるゆえに、突端の開封付近で堤防が決壊すれば、黄河の水は扇の全体、どこを流れてもおかしくはない。秦はもともと、秦嶺山脈の西部、甘粛省天水付近の黄土高原で馬を放牧していた勢力であり、渭水《いすい》盆地に下ったあと、東方大平原を治めることになる。この秦の領域の構図を押さえておくと、秦の統一の時代の意味を理解することができる。

『史記』に記録されている巡行の記事が断片にすぎないことは出土資料が教えてくれる。

皇帝が都を離れて地方を回る前に、道路や宿泊施設である離宮を整備することを地方官吏に求めた。一九八九年湖北省雲夢県竜崗秦墓で発見された竹簡一五〇枚、いわゆる竜崗秦簡は断簡が多くて読みにくいが、『史記』の空白を埋める貴重な史料となっている。『史記』の巡行記事は王朝の交替という一定の時間をへているので伝説が多いが、このような地方官吏の墓から出土した同時代の文書には、当然ながら伝説記事など入る余地がなく、行政機関側の慌ただしい対応ぶりがうかがえる。巡行の際、地方の禁苑では狩猟が行われた。当時皇帝が通行する一級道路の馳道《ちどう》は三車線であり、中央が天子専用道路となっていた。無断でその中央を通行した場合、当人は流刑となり乗用していた車馬は没収された。馳道がそのほかの道路と交差したり、橋や門や坂道の箇所で他の道路と重複している場合は、通行禁止の中央道をどうしても横切る必要がある。断簡のために、その場合、許可されるのか処罰されるのかはわからない。いずれにしても、巡行を迎えるために交通整備が行われた。竜崗秦簡のなかには、地元の雲夢苑のほかに、はるか北の沙丘苑に関する竹簡もあった。また新発見の封泥のなかに、「左雲夢丞」の官職名が新たに確認された。雲夢苑から都咸陽の皇帝のもとに、何らかの物資が届けられた証拠であろう。この第五回の巡行で、始皇帝は沙丘苑で死を迎える。その沙丘苑は病気になって偶然立ち寄った場所ではなく、最初からの経路にあたっていたのだろう。竜崗秦簡に見える巡行を取り締まる内容は、巡行の経路の各地方官庁に中央から事前に送られたのであろう。

それでも簡単な『史記』の巡行記事を読み込んでいく方法はある。巡行は全国の山川祭祀の季節に合わせた行動であるので、時間と空間を考えながら経路をおさえていくことである。

黄土高原への巡行と金人伝説

前二二〇年、統一の翌年の第一回目の巡行は、秦みずからの故郷の西方の地を中心にめぐるものであり、二回目以降に征服したばかりの東方六国への巡行とは性格を異にしている。秦始皇本紀の記事はわずか一四文字、書き下し文にすれば、「始皇隴西《ろうせい》、北地を巡り、鶏頭山に出て回中を過ぐ」という内容だ。漢代にはほとんど第一回巡行の史料は残っていなかった。ここに羅列された隴西、北地、鶏頭山、回中がどのような場所であるかわからなければ、この巡行の意味を理解することはできない。筆者は一九八六年と九九年にこの地を訪れた。陝西省西部、寧夏回族自治区南、甘粛省東部の三地区にまたがり、六盤《りくばん》山系と秦嶺山系と交差する黄土高原の地帯である。隴西、北地は秦の時代の郡名であり、それぞれ高原を流れる渭水《いすい》と涇水《けいすい》の上流にあった。鶏頭山も回中も隴山山系を越える峠に位置し、涇水と汧水《けんすい》のそれぞれの源流に位置した。この秦にとって重要な三つの河川を内側に取り込むようにして戦国時代の秦長城が作られていた。寧夏回族自治区の固原県には、今でも版築《はんちく》の土の長城が一直線に伸びている。始皇帝は都咸陽から西に向かい旧都雍城《ようじょう》からまず汧水をさかのぼり、回中から隴山を越えて隴山西の早期秦の故地に入った。始皇帝よりも六〇〇年前に周王から与えられた高原の土地がこの「秦」であった。高原の一群の人々は、周のために牧草地で馬を繁殖させることに成功した。秦嶺山脈を南に越えて西垂の地にも入ったことが考えられる。現在の甘粛省礼県、ここには春秋時代の秦墓が近年発見されている。帰りは北の隴山を越えて鶏頭山に出て北地郡に入った。そこから涇水沿いに下り咸陽に戻ったのだ。旧都雍城には秦の諸侯の歴代の墓があり、宗廟もあった。始皇帝はまず天下を統一したことを雍城で祖先に報告し、さらに雍城遷都以前の先祖の地、隴西（隴山の西）や西垂を訪れた。走行距離は山道の上下を考えても一〇〇〇キロにも達したであろう。始皇帝が天下を統一したといっても、伝統を守り続けていたことがわかる。

この前の年の始皇二十六年（前二二一）、全国から没収した兵器を溶かして金人一二体を造り、これを咸陽城の宮中に置いたことは秦始皇本紀に記述されている。この場合の金人の金とは黄金ではなく、銅と錫の合金（ときに鉛も含む）、いわゆる青銅器のことである。

「天下の兵を収め、之《これ》を咸陽に聚《あつ》め、銷《しょう》して以て鍾鐻《しょうきょ》を為《つく》り、金人十二、重さ各千石《せき》、廷宮中に置く」とある。兵は兵士ではなく武器のことであり、刀狩りをして武器を溶かした青銅から鍾鐻を作った。鍾鐻とは編鐘などの楽器を架けた支柱のことである。実例は一九七八年に湖北省随州市で発掘された曾公乙墓《そうこういつぼ》の鍾鐻がある。始皇帝の鍾鐻よりも二一二年前（前四三三年）に、楚王が曾国の王の乙に贈ったものだ。編鐘を架けた横木の両端を支えているのは、六体の青銅製の人物である。これこそ金人であり、鍾鐻とは金人の形をした編鐘の支柱であった。左の腰には剣をさし、両手を挙げた格好となっている。大小六五もの青銅の編鐘を三段に分けているが、その荷重は大変なものである。秦始皇本紀の記事よりも早い時期に書かれた『過秦論《かしんろん》』では、「天下の兵を収め、之を咸陽に聚《あつ》め、以て金人十二を為《つく》り、以て黔首《けんしゅ》の民を弱くす」とあるから、この事業の目的が地方勢力の武装解除にあったことは明らかである。

さてこの金人に関して、『漢書』五行志では、「二十六年、大人長さ五丈、足履《そくり》六尺、皆夷狄《いてき》の服、凡《およ》そ十二人、臨洮《りんとう》に見《あら》はる。故に兵器を銷《とか》して鋳して之を象《かたど》る」として、別の解釈をしている。ここでは金人とは天下統一時に臨洮に出現した一一メー《メートル》もあるような夷狄の巨人をつくったのだと説明する。足裏だけでも一・四メー《メートル》近くある。まさに巨人伝説である。臨洮とは万里の長城の西の起点に当たる。「夷狄《いてき》」が秦帝国の支配に服したことを象徴する金人を、東方諸侯から没収した兵器の青銅を溶かして造ることで、始皇帝の統一事業を高らかに褒《ほ》め称《たた》えたというのだ。しかしこの叙述には、後漢時代の儒教主義が出ているので注意しなければならない。たとえば『史記』と『漢書』の列伝の配列を見れば、後者が中華と「夷狄」の区別を明確にした世界秩序を立てているのに対して、前者は混乱したものになっている（稲葉一郎『中国の歴史思想――紀伝体考』創文社、一九九九年）。統一の年に「夷狄」の服を着た大人が臨洮に出現したから、金人を造ったことには後世の脚色を見ないわけにはいかない。

『三輔黄図《さんぽこうず》』という長安を中心とした古跡を記した書には、秦の阿房宮の門前に立てた高さ三丈（約七メートル）の金人の背には「皇帝の二十六年、初めて天下を兼ね、諸侯を改めて郡県と為《な》し、法律を一にし度量を同じくす」という文字が刻されていたと伝える。『水経注』にも、金人の胸の銘には、「皇帝の二十六年、初めて天下を兼ね以て郡県と為し、法律を正しくし度量を同じくす。大人来りて臨洮に見《あら》わる。身長五丈、足は六尺」とあったという。地皇二年（後二一）、のちに新《しん》王朝をたてた王莽《おうもう》は銅人が泣く夢を見てからこれを憎み、銅人の銘に皇帝が初めて天下を兼ねるの文があるのに気づき、尚方の工匠に銅人の刻文を削らせた（『水経注』）。前漢期にはこの金人は長安の長楽宮の門前に置かれたが（『三輔旧事』）、後漢末董卓《とうたく》のときに一〇体が溶かされて銅銭に作り替えられ、残りも前秦の符堅《ふけん》（三三八～三八五）のときには溶かされてしまったという。その真偽は不明である。

金人という青銅製の人物像は、巨人ではないが実際にないわけではない。始皇帝陵西側の坑から出土した銅馬車には、御者の金人があり、広西貴県羅泊湾一号墓出土木牘《もくとく》「従器志」にも「金人＝在中」と見える。そして咸陽城遺址の長陵駅付近で発見された青銅の武士頭像も金人の例といえる。高さ一一チ《セン》の小さな頭像であるが、兵馬俑《へいばよう》の兵士の顔とは異なってふっくらとした顔つきで、冠をかぶっている。

馳道（平原道路）

第二回から五回までの東方巡行で訪れたのは、秦都咸陽から放射状に広がった東方大平原であった。秦が天下統一の翌年、前二二〇年に馳道《ちどう》という道路網を敷いたことが伝えられるが、『史記』には「治馳道」とあるだけで、その実態はまったくわかっていない。直道の版築は山稜に残っているが、馳道の方は版築で固めたと思われる舗装道路の遺構が発見されていないからだ。そこで参考になるのは、『漢書』巻五一賈山伝《かざんでん》の記載である。ここでは秦の馳道が、東は燕・斉、南は呉・楚に行き着いていることと、馳道に街路樹があったことが述べられている。賈山は前漢文帝（在位前一七九〜前一五七）に果敢に諫言《かんげん》を行った人物であり、秦の政治を引用しながら、漢王朝のなすべき政治の道を説いた。賈山の祖父は秦に最後は水攻めによって滅ぼされた、まさに秦に怨念をもった戦国魏の国の人間であり、博士の弟子という知識人であった。賈山もその学問を受け、『至言』という書を残している。彼自身述べているように、遠い過去の事例を引き出すまでもなく、秦という身近な時代を喩えに引いた政論を展開した。賈山にとって秦始皇帝の治世は、一世代前の父の時代であり、祖父は戦国時代に生きていた。賈山がいうには、馳道の道幅は五〇歩（約六七・五メートル）、三丈（約七メートル）ごとに青松を街路樹として植え、突き固めたという。燕は東方大平原の東北端、斉は東端、呉は東南端、楚は南端にあたる。咸陽—燕、咸陽—斉、咸陽—楚—呉に向かう三ルートは、始皇帝の巡行路に重なるのでその存在には現実性がある。第二回巡行では咸陽—斉—呉—楚—咸陽ルート、第三回は咸陽—斉、第四回は咸陽—燕、第五回は咸陽—楚—呉—斉—咸陽のルートをたどった。何もさえぎるもののない平原を走る道路であるために、道路を守るために常緑針葉樹の松を植えたのであろう。青松は、日本では樹皮が黒いことから名付けられた黒松のことである。他の種に比べて枝も太くまっすぐに伸び、深く直根を伸ばすので、版築の道路を保護する。そして緑陰の効果もあり、夏は涼しい。樹木の生育していた高原の道路であれば、わざわざ街路樹を植えることはない。七〇メートル道路で七メートル間隔の街路樹は、きわめて合理的な措置といえる。秦の統一時に植樹した松は、賈山のときには半世紀を経て成長していた。賈山の発言の目的は、阿房宮、驪山陵《りざんりょう》など、秦の奢侈《しゃし》な大土木事業を戒めることにあったけれども、秦の道路は漢にも引き継がれていったのであろう。

一九八九年湖北省雲夢県竜崗の秦墓から発見された竹簡のなかに、馳道に関する秦統一時の交通法規が見られた。それによれば馳道は三車線道路であり、中央が天子専用道路となっていて、一般の通行は禁止された。禁を犯せば、流刑となり乗っていた馬や車は没収された。また弩道《どどう》という軍事道路があり、その道路が馳道を横断した場合、また重なって門を通過したり、橋を渡ったり、坂道を通過した場合にも、禁則があった。こうした事実から、馳道の存在がはっきりと見えてくる。

東方大平原の八神

始皇帝は、こうした道路を通って、東方大平原に広がる神々の祭祀《さいし》地《ち》や、史蹟を訪れた。旧斉の地、現在の山東省では八神を祀り、旧燕の碣石《けっせき》、現在の河北省と遼寧省の境界地では海の彼方にいる仙人と仙薬を捜し、旧楚、現在の湖北・湖南両省の地では上古帝王の史蹟（虞舜《ぐしゅん》の九疑山《きゅうぎさん》、舜の妻の湘山《しょうざん》、禹《う》の会稽《かいけい》山）に立ち寄った。これほど全国を頻繁に回った皇帝は、のちにも珍しい。皇帝になってから死までの一二年間に五回も実施した巡行からは、咸陽の都にとどまっていたのでは、治めきれない状況がうかがえる。大平原北端の碣石《けっせき》宮、南端の雲夢宮、東端の琅邪台《ろうやだい》の宮殿、地方の離宮を拠点にしていった。賈山は、馳道の行く先が、江湖の上、浜海の観といっている。江湖の上とは楚、呉の行く先、江水（長江）流域の雲夢沢などの湖沼、浜海の観とは、海に面した碣石や琅邪の離宮のことであろう。

始皇帝が東方で訪れた八神に関しては『史記』封禅書《ほうぜんしょ》に述べられているが、斉の地方で古来信仰の対象となっていたもので、天主・地主・兵主・陰主・陽主・月主・日主・四時主の八つの信仰地を指す。これらは兵主を除けばいずれも天地が和合し、陰陽調和し、日月が相い照らし、季節が滞りなく循環することを求めて祭祀するものであった。兵主も軍神ではなるが、自然の不調和のときに戦争が起こると考えられていたとすると、当時の考え方では同列に並べておかしくはなかった。筆者は、地主・兵主・陰主以外の八神の地を調査し、その自然環境の特徴をしっかりと実感してきた。

また、八神のうち陽主（之罘《しふ》・東観）、四時主（琅邪台）の二ヵ所にだけは、秦始皇帝の顕彰の刻石が立てられた。刻石は全部で七つあり、残りは碣石、泰山《たいざん》、嶧山《えきざん》、成山、会稽の五ヵ所であった。八神と七刻石の地は、いずれも東方の大平原に分布している。

周秦革命と周鼎引き上げ失敗伝説

殷周《いんしゅう》革命といういいかたがある。この場合の革命とは天命が革《あらた》まる意味であり、天意の支えを失った王朝が交替することだ。周の武王は諸侯を率いて殷の紂王《ちゅうおう》を滅ぼした。この殷周の王朝交替が社会経済的にどのような社会変化をともなっていたのかが、一九三〇年代の中国で議論された。奴隷制から封建制へと変化したのかどうかに、焦点が当てられた。

秦は周に代わる王朝であったので、同じように周秦《しゅうしん》革命といってよいが、そういわれないのは、秦が周を滅ぼしたことよりも、秦が六国を滅ぼして天下を統一したことの方が強調されたからだ。秦の昭襄《しょうじょう》王五十二年（前二五五）に、周の九鼎《きゅうてい》が秦に入り周は滅亡した。九鼎とは夏《か》の禹王《うおう》のときに造られた鼎《かなえ》（祭器の一つ）のことで、殷王、周王が代々継承してきたものである。その九鼎が秦の手に渡ったので、周が滅んだ。当時周は西周と東周に分かれ西周は滅んでいたが（前七七〇年平王東遷以前の西周と以後の東周ではない）、このとき東周が滅んだ。この事件が強調されないのは、周王の権威はすでに失われており、七雄（秦・斉などの戦国七大国）が王号を称していたからである。周秦革命よりも、その後、二七年の間、七国の王が争い、始皇二十六年（前二二一）に始皇帝が天下を一統した事件の方が重視された。司馬遷は、周秦革命と天下一統の両方をいちおう掲げた。周本紀には秦本紀をつなげてまず周秦交替を明らかにし、つぎに秦始皇本紀を置いて、始皇帝による天下一統を強調した。私たちの歴史学も、秦の統一ばかりに眼がいってしまったが、当時の人々にとってみれば、八六七年も続いた周の滅亡の方がショッキングであったかもしれない。

始皇二十八年、始皇帝が第二回の巡行で彭城《ほうじょう》を訪れたときに周の鼎を泗水《しすい》で発見したことを、司馬遷は簡単に「始皇帝還るに彭城を過ぎて斎戒禱祠《さいかいとうし》し、周鼎を泗水より出さんと欲す。千人をして水に没してこれを求むるも得ず」と記述している。始皇帝が権力継承の正統性を示す周鼎を求めても入手できなかったという伝説は、始皇帝の権威をおとしめるものであり、征服された東方の地で伝承されたものであろう。

周王の権威を象徴する九つの鼎は、秦が周を滅ぼしたときに秦の手に入ったとされているが、彭城を都にしていた宋の太丘《たいきゅう》の社が失われたときに、一つの鼎が彭城を流れる泗水に沈んだという伝説があった。彭城を過ぎた始皇帝は、現地でこの伝説を聞き、周鼎の捜索を行った。結果として発見できなかったが、泗水流域の山東を中心に、始皇帝の周鼎引き上げ失敗伝説は広がっていった。秦の史書『秦記』にはおそらく彭城で斎戒禱祠したことは記載されていただろうが、一〇〇〇人もの人員を動員して失敗したことは、彭城地方で生まれた反秦伝説であろう。司馬遷は彭城の地に寄った際にこの伝聞を記録したのであろう。

山東各地の旧斉の地にはのちに『水経注』が語っているように、二つの周鼎伝説が分布していた。周王の顕王四十二年（前三二七）、九鼎が泗水に沈没したが、始皇帝のときにこの川の中で発見された。始皇帝がおおいに喜んで数千人に水中を捜させたが、入手できなかったという。捜索動員数は数千人に増えている。もう一つの伝説は竜が引き上げ用の紐を嚙みきってしまったために失敗してしまったというものである。司馬遷は前者の話を採用した。

後漢の山東地方の画像石には、とくに泗水流域を中心に周鼎伝説を題材にしたものが二五例ほど確認できる。これは山東地方に反秦伝説が広く残っていたことの証しである。興味深いのは二種の伝説がそれぞれ画かれており、『史記』には見えない後者の伝説が実際に地方に伝わっていたことを証明していることである。後漢の画像石の題材は、文献史料を参照したのではなく、現実に残っていた口承伝説をもとにしたようだ。

嘉祥県にある武氏祠石室の画像石のなかには竜にかみきられたという伝説を画いたものがあり、宋代の著録にすでに収録されている。筆者も山東省鄒県《すうけん》にある孟子廟《もうしびょう》敷地内で

A：山東省孟子廟所蔵画像石

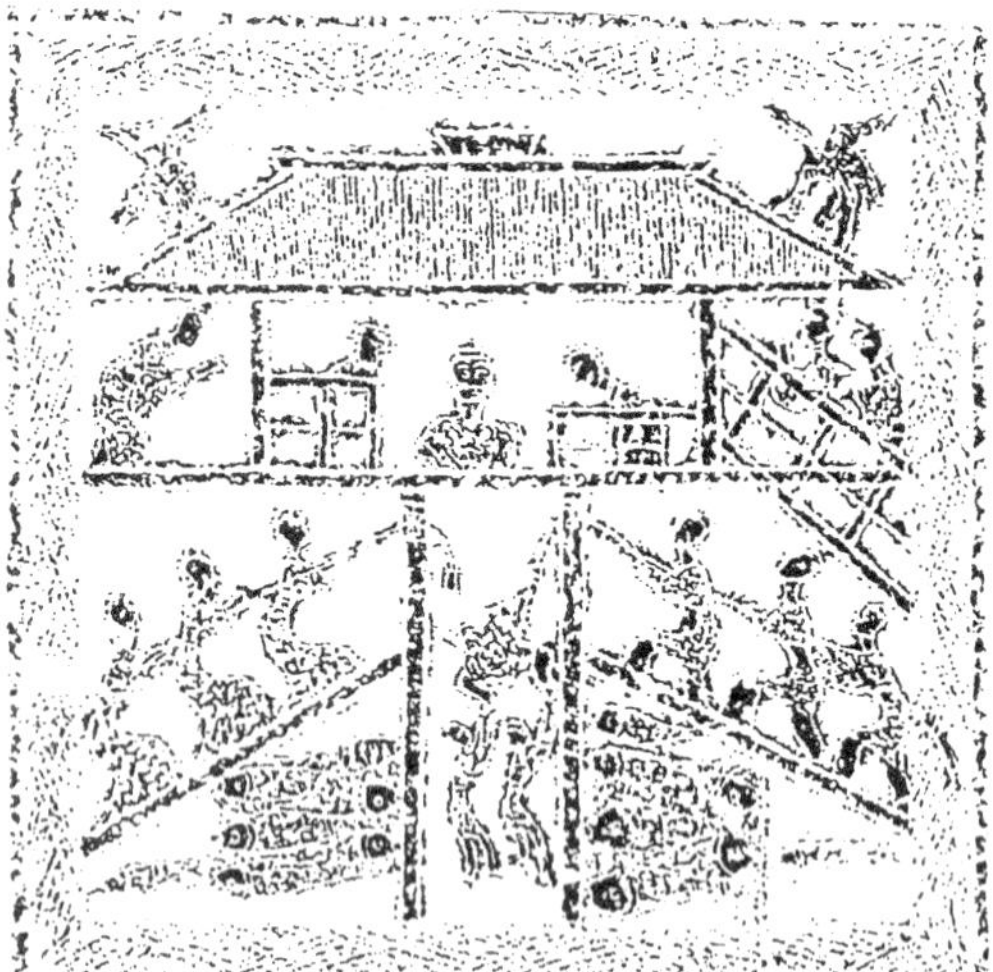

B：山東省微山湖中溝南村画像石

図13　周鼎引き上げ失敗伝説の画像石（A・B）

周鼎画像石を一件見つけた。出土地は不明であるが、鄒県付近のものに違いない。アーチ形の橋梁上の中央に一人が立ち、右側に七人、左側に六人の男が両方から二本の柱にかけた紐で鼎を引き上げようとしているが、鼎の上には竜の頭があり、いままさに紐を嚙みきろうとしている場面である（図13—A）。これは『史記』の周鼎伝説の記述を映像化したのではない。『史記』の伝説とは別系統であり、地方に伝わる口承をそのまま石に彫ったのであろう。同じ鄒県前営の画像石も同系統である（『山東漢画像石選集』）。

一方、彭城に近い微山湖中の溝南村にある石槨墓《せっかくぼ》からは、竜が登場しない『史記』の方の伝説を画いた画像石が発見されている（図13—B）。例が少なくて断定はできないが、いまのところ泗水上流では竜の登場する伝説が分布し、彭城に近い方では司馬遷の収録した伝説が広がっていたようだ。

この周鼎伝説の彭城の地は項羽《こうう》のときには西楚覇王の都となり、かれの九郡の領国の中心となった。漢の時代に入ってからも、諸侯王国として楚国が置かれ、その都であった。劉邦《りゅうほう》の弟劉交が初代の楚王に封ぜられてから八代続き、宣帝のときにようやく彭城郡となって中央直轄の地となっているが、後漢になるとまた楚国が置かれた。交通の要所でもあり、前後漢の楚王の拠点であった。近年彭城の楚王陵がいくつか発掘されている。

徐福伝説の舞台
——平原広沢

始皇二十八年（前二一九）、始皇帝の第二回巡行が行われた。咸陽から東に向い山東丘陵にある鄒の嶧《えき》山と泰山に登り、山東半島の渤海湾沿いに黄県・腄《すい》県・成山・之罘を巡り、琅邪、彭城に下り、淮水を渡って衡山から南郡まで南下し、最後は武関から咸陽に戻るというルートを通った。咸陽から東方の大平原の中央を通り、右回りに巡って咸陽にもどるという巡行であった。

『史記』のなかで、この年ほど全国各地の始皇帝伝説を載せていることはない。泰山や琅邪台には始皇帝を顕彰した刻石が残されていたので、司馬遷は本紀に収録した。さらに司馬遷自身が琅邪、彭城、南郡の地を歩くことによって現地で聞きつけた始皇帝の故事を巡行記事に介在させた。始皇帝は琅邪では徐市《じょふつ》と出会い、彭城では王者の権威の象徴である周の鼎を泗水で発見し、南郡でも湘山の神の湘君に出会った。徐市は始皇帝に、海中にある蓬萊《ほうらい》、方丈、瀛《えい》洲の三神山には仙人が住んでいるから童男童女を連れて捜すことを上書した。始皇帝は徐市に童男童女数千人を引き連れて出発させた。泗水では一〇〇〇人の人間が鼎を引き上げようとしたが結局失敗し、湘山でも始皇帝の行く手を大風を起こして阻んだ湘君に怒り、刑徒三〇〇〇人を動員して湘山の樹を伐採させ禿山《はげやま》にしてしまったという。同様に数千人を渡海させた仙人捜しも失敗したことは始皇三十五年（前二一二）の記事につながって見える。司馬遷は方士の侯生、盧生に始皇帝の権勢の貪欲なことを語らせ、これに対して始皇帝には方士がさっぱり仙薬捜しに真剣でないことへの怒りを爆発させる。徐市にも巨万を投資したのに効果がないと始皇帝はいう。徐市は始皇三十七年（前二一〇）、始皇帝の最期となる第五回の巡行でも再登場し、その場所はやはり琅邪台を通過したところであった。

前漢の高祖劉邦の孫、淮南《わいなん》王劉安は寿春に多くの思想家を集め、『淮南子《えなんじ》』を著した。その淮南王に伍被《ごひ》は過去の事例をあげて国家の存亡を語った。そのなかでいずれも秦の時代に周辺世界に出て、秦帝国末期に帰還できずに現地で王となった徐福《じょふく》と趙佗《ちょうだ》の故事を引いている。故事を引用した目的は、すでに秦帝国崩壊後一〇〇年経過した後世の人間が、秦がいかに民心から離れ、秦への反乱が必然的に起こったかを述べることにあった。

伍被によれば、不老不死の仙薬入手を命じられたものの、それができずに譴責を恐れた徐福は海神の大神に出会ったと偽って報告した。海神は西の皇帝の使者徐福を蓬萊山に連れて行き、霊芝《れいし》の生えている宮殿を見せたが、秦の礼物が少ないことを理由に仙薬は入手できなかったという。そこで始皇帝はあらためて海神のいうとおりに、童男童女三〇〇〇人を派遣し、五穀の種子を持ち、技術者を送った。その結果徐福は平原広沢を得て現地で王となり、帰還しなかった。『史記』淮南列伝に見えるこの徐福の話は、派遣人員数を三〇〇〇といい、現地で王となり帰還しなかったことなど、明らかに始皇本紀の徐市の話とは別系統である。海に近い東方の地には、徐市や徐福にまつわるさまざまな故事が伝わっていた。秦の側から記録された史書『秦記』には載ることのなかった斉の地の口承伝説が、一〇〇年たって秦の興亡史を執筆しようとした司馬遷によって文字として記録された。司馬遷自身が琅邪台を訪れたときに耳にしたと思われる徐福伝説を、始皇帝の年代記を執筆するときに関係箇所に挿入した。始皇二十八年（前二一九）の第二回巡行、始皇三十七年（前二一〇）の第五回巡行で始皇帝が琅邪台に立ち寄ったときに、徐市を登場させたのである。淮南列伝の徐福記事は、やはり彭城を訪れた司馬遷が耳にした別系統の話をそのまま掲載した。その筆法こそ司馬遷の史書の特徴であった。

さて伍被の徐福伝説はもともと徐福そのものを語るものではないので、この伝説記事の真偽の判断は慎重でなければならない。伍被の話の本筋は、徐福が帰還しなかった結果にある。すなわち徐福が現地で王となり帰還できなかったために、童男童女三〇〇〇人も故郷に帰れず、人々がこれを悲しんで秦に対して反乱を起こしたというのである。伍被は同様の例として南越王の故事を挙げる。越を攻撃するために遥か南方に派遣された趙佗《ちょうだ》も現

図14　徐福の東渡（復元阿房宮前殿中央広場の壁画）

図15　琅邪台（前面の２つの山）

地にとどまって王となった。かれは兵士たちの衣服を縫うために始皇帝に上書して、夫のいない女性三万人を求めたが、その半分の一万五〇〇〇人を送ったという。やはり遠く故郷を離れて故郷に戻れない多くの犠牲者を生み出したことが、秦が民心を失った理由であった。南越王の方は近年広州市内で二代目の文帝趙眛《ちょうばつ》の王陵が発見された。徐福の方は、日本列島にも後世の伝説、遺跡は数多く見られるが、同時代の遺跡、史料は未発見である。

博浪沙の事件

始皇二十九年（前二一八）、第三回の巡行で、始皇帝は盗賊に襲われた。秦始皇本紀では「始皇東游す。陽武の博狼沙《はくろうさ》中に至りて盗の為に驚かさる。求むれども得ずして、乃《すなわ》ち天下に令して大いに索《もと》むること十日」。このくだりは、いかにも『秦記』のスタイルである。始皇帝を襲った犯人を「盗」といい、盗賊を一〇日間捜査したことを淡々と述べている。睡虎地秦簡の『日書』の「盗者」という文書に見えるように、手がかりもない未決の事件の犯人捜査には、事件当日の十干《じっかん》の日付から犯人捜しが始まった。陽武の博狼沙は、鄭州の東北で開封にも近い。博狼沙は博浪沙ともいい、河川の細かい砂のような泥土が氾濫して堆積した土壌であるので、博浪沙といった。

『史記』巻五十五留侯世家では留侯張良《ちょうりょう》の側からこの事件を記録している。漢王朝の功臣として張良はとくに世家に立てられた。張良は東方の倉海君《そうかいくん》に会い、一人の力士を得て鉄椎一二〇斤（三〇キロ）を準備させた。倉海君は東夷の君長といわれているが、詳しいことはわからない。始皇帝が東方巡行の途中、経路にあたる博浪沙で攻撃を受けた。そのくだりは「秦皇帝東游し、良、客と狙い、秦皇帝を博浪沙中に撃ち、誤りて副車に中《あた》る。秦皇帝大いに怒り、大いに天下に索む。賊を求むること甚だ急なるは、張良の為の故なり」とある。ここでは「盗」ではなく、ただ「賊」となっている。ここにいたる意味は、世家の前段に記されている。すなわち張良は韓の人であり、祖父と父は韓の丞相を歴任した。秦が韓を滅ぼしたときには年少であり、弟が死んでも埋葬することができなかった。張良は家財を費やして刺客を求めて始皇帝を暗殺しようとしていた。秦への復讐である。

「誤りて副車に中る。秦皇帝大いに

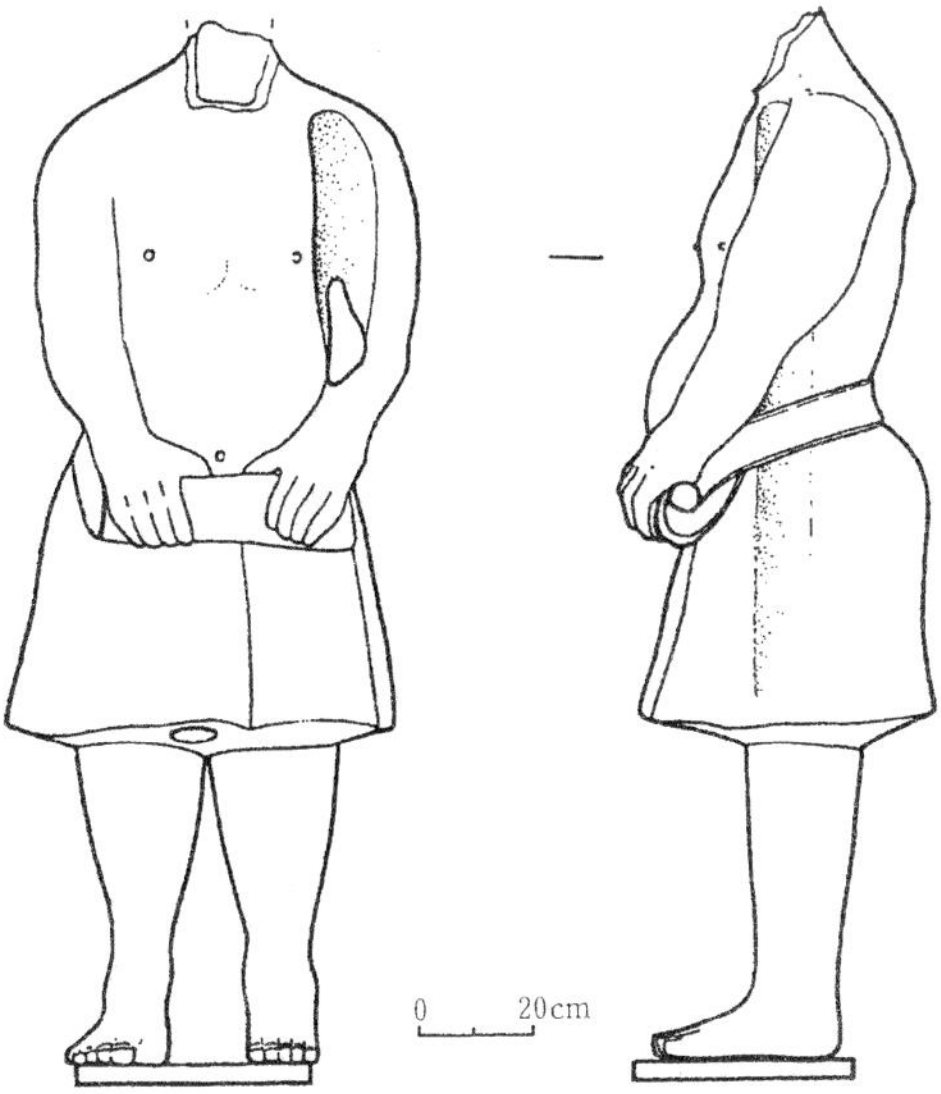

図16　力士俑（始皇帝陵出土）

怒る」という表現は、残念ながら命中しなかったという張良からの事件の描写である。司馬遷は、『秦記』とは異なる故事から張良の生涯を描いたのである。

それにしても三〇キロもの鉄槌を車馬めがけて投げきる力士とは、どのような者であったのだろうか。始皇帝陵の墳丘東南で一九九九年に発見された百戯俑《ひゃくぎよう》は、まさに秦の時代の力士の姿をうかがわせる。上半身裸で筋骨たくましい姿、秦の都では角抵《かくてい》という中国古代の相撲競技が行われていた。この遺跡からは二一二キロもの巨大な青銅製の鼎が出土している。角抵では鼎を持ちあげる競技が行われていた。秦の武王は力士の孟説と鼎あげをしているときに、膝の骨を折ってしまったという。

戦争の再開と始皇帝の死

万里の長城

秦を亡ぼす者は胡なり

始皇三十二年の秦始皇本紀の記事の量は、碣石《けっせき》刻石の引用文を差し引けば少ない。第四回目の巡行の経路の記事のほかには、始皇帝と燕《えん》の盧生《ろせい》、韓終《かんしゅう》、侯公《こうこう》、石生《せきせい》といった方士たちとの出会いに言及しているだけである。

なかでも盧生が上奏した録図書《ろくとしょ》のことば「亡秦者胡也」の五字の意味は重要である。『史記集解』では、後漢の儒者鄭玄《じょうげん》の解釈を引用している。「胡とは二世皇帝胡亥《こがい》のことであり、秦は図書を見たが、これが人名であることに気づかずに、かえって北の胡（異民族）に備えをした」というものだ。鄭玄は『史記』に注釈を付けているわけではないから、緯《い》書《しょ》の注釈からの引用であろう。緯書というのは、讖緯《しんい》ともいい、経書に対するもので、五経の文を解釈する内容をもつ一方、予言書でもある。前漢末から後漢にかけてまとめられたが、予言書としてはそれ以前にもあり、録図書というものも予言書であった。伝説の虚偽性を明らかにしていった疑古派の顧頡剛《こけつごう》は、秦讖としてこれにふれている（『秦漢的方士与儒生』上海古籍出版社、一九七八年）。漢代の讖緯の書名はだいたい三字名であり、坤《けん》鑿度《さくど》、稽覧図《けいらんと》、坤霊図《こんれいと》、握誠図《あくせいと》、含神霧《がんしんむ》、録運法《ろくうんほう》など奇妙なものが多い。録運法は録図書と同じように録の字が頭についた書名だ。図書とは私たちの使う一般の書籍のことではなく、河図洛書《かとらくしょ》の略であり、黄河や洛水から出てきた予言書のことである。

録図書が出てきたこの時点では、始皇帝の後継者など決まっていないし、始皇帝の末子の胡亥が継承する可能性などきわめて小さかった。だからこそその胡亥が二世皇帝になり、帝国を崩壊させていった結果を知っている鄭玄は、この予言を亡国の胡亥を非難する立場から理解した。すでに秦が崩壊して二世紀以上へた後漢という儒教の時代、秦という時代を儒教法難として位置づけ始皇帝や胡亥が非難されることは一般的であった。秦は内部崩壊したのであって、中華の外の胡によって亡ぼされたとはいえなかった。しかし『史記』の文章を、後漢の儒教的な解釈に委ねることはできない。一方、鄭玄と同じ後漢の王充は、儒学の讖緯主義的傾向をする立場から、この録図書は後世の偽作であると断じている

（『論衡』実知篇）。

しかし鄭玄にしても王充にしても、録図書を秦の時代のものとして理解していない。録図書の四文字をもっと素直に解釈することはできないだろうか。秦始皇本紀では、録図書の直後に、これを受けて、「始皇乃《すなわ》ち将軍蒙恬《もうてん》をして兵三十万人を発し、北のかた胡を撃ち、河南の地を略取せしむ」とあるから、司馬遷の記述では、同時代では胡は胡亥ではなく、北方の匈奴《きょうど》と考えていたと読める。予言書に「秦を亡ぼす者は（北方の）胡である」という予言が出され、それに基づいて兵三〇万を派遣するという決断を出したのは、当時では当たり前のことであった。秦は政治の判断に占いを頻繁に活用していた。

胡を胡亥にすりかえたのは、のちに秦の滅亡の原因を内部崩壊に求めたことにほかならない。しかし胡が匈奴であるならば、「亡秦者胡也」という判断は、北方匈奴との緊張関係から、秦は匈奴に亡ぼされるとの危惧が現実にあったことをうかがわせる。この歳、始皇三十二年の巡行が、はじめて北方に経路を求めたのも、対匈奴関係の深刻化からきたものだ。

秦帝国一五年の歴史は、六・六・三年と分けることができる。最初の六年は「統一と平和」の時期（始皇二十六〜三十一年〈前二二一〜前二一六〉）であり、始皇帝は巡行を繰り返した。しかし第四回目の巡行と録図書の上奏が転機になり、ふたたび戦争の時代に入っていったのだ。つぎの六年間は対外戦争と始皇帝の死にいたる時代（始皇三十二～三十七年〈前二一五～前二一〇〉）といってもよい。秦始皇本紀の記述のスタイルは、予言書を挟んで転機としている。この録図書と同じように、始皇三十六年にも「始皇帝死而地分」（始皇帝、死して地分る）という予言を刻した隕石《いんせき》の記事がある。

焚書坑儒の実態

始皇帝は始皇三十四年（前二一三）に焚書《ふんしょ》の令を出し、翌始皇三十五年（前二一二）、諸生四百六十余人を坑殺した。始皇帝死去の二年前のことである。このことは後世とくに秦始皇帝をおとしめる根拠とされた。しかし実際にはどのようなことが行われたのであろうか。

焚書令については『史記』秦始皇本紀に、丞相李斯《りし》の提案をあげて、

①史官の『秦記』に非ざるは皆これを焼かん。
②博士の官の職する所に非ずして、天下の敢へて詩書、百家の語を蔵《おさ》むる者あらば悉《ことごと》く守、尉に詣《いた》り雑《まじ》えてこれを焼かん。
③敢へて詩書を偶語する者あらば棄市。
④古を以て今を非《そし》る者は族《ぞく》せん。

図17　焚書坑儒（復元阿房宮前殿中央広場の壁画）

⑤吏の見知《けんち》して挙げざる者は与《とも》に同罪。
⑥令下りて三十日焼かざれば、黥《げい》して城旦《じょうたん》と為さん。
⑦去らざる所の者は医薬、卜筮《ぼくぜい》、種樹の書なり。
⑧若《も》し法令を学ぶこと有らんと欲すれば、吏を以て師と為《な》さん。

とある。禁止しようとした書物はまず史官のもとにある秦国の史書以外の諸国の史書である（①）。理由は述べられていないが、おそらく秦国の統一事業をそしる内容の他国の史料を抹殺するためであろう。第二は博士の所にある以外に、全国で詩経、尚書、諸子百家の書物を伝えている者は郡の守（長官）、尉（武官）に届け出し、焼却する（②）。③の部分は法令に違反した者への処罰である。詩経、尚書について集まって語る者がいれば、さらし首（③）、古のことを持ちだして今のことを非難する者は一族を処罰（④）、また官吏がことを知っていて見逃した場合は同罪（⑤）、禁書令が下っても三〇日のうちに焼かなければ、入墨の刑にして築城の労働刑を科す（⑥）。そして医学、卜筮、種樹の書物は禁書の対象から除外する（⑦）。最後に、法令を学ぼうとする者は、吏を師とすることが提案された（⑧）。

私たちがもっともまとまって見られる最古の図書目録は、前漢末に劉向《りゅうきょう》、劉歆《りゅうきん》父子によって編纂された『七略』であり、『漢書』芸文志《げいもんし》のなかにその書籍名の一覧を見ることができる。七略の第一は総論であるから、六分類法、すなわち六芸《りくげい》・諸子・詩賦・兵書・術数・方技によって書物を整理した。秦の焚書令の対象になったのは、漢代の七略分類法でいえば、六芸（易・書・詩・礼・楽・春秋・論語・孝経・小学）、諸子（儒家・道家・陰陽家・法家・名家・墨家・縦横家・雑家・農家・小説家）、詩賦の三つであり、兵書（権謀・形勢・陰陽・技巧）、術数（天文・暦譜《れきふ》・五行・蓍亀《しき》・雑占・形法）、方技（医経・経方・房中・神僊《しんせん》）の三つは対象外であった。全一万三二六九巻のなかで前者は六六％も占めており、秦の焚書令でそれほど打撃をうけたとは思われない。

この丞相李斯の提案は焚書坑儒の焚書として、一般には始皇帝の儒家弾圧事件として、知られるが、その意味はより深く検討しなければならない。一つは焚書令が出された時点の政治情勢から、もう一つは地中から出土した書籍群からの見直しである。

対外戦争の深刻化

この焚書令は、その前後の政治情勢を見れば、たんなる統一事業の施策ではないことがすぐわかる。これより先、始皇三十二年、これまで六年の「平和」の時代は終わりを告げていた。将軍蒙恬《もうてん》は三〇万の兵士を北方に送り、河南（オルドス）の地を奪ったのである。河南は現在の漢代の河南郡や現在の河南省の河南ではなく、黄河に三方を挟まれた陝西省北部の草原地帯である。匈奴から奪い、秦の馬を養う牧場を確保しようとしたのであろう。翌三十三年、南方でも陸梁《りくりよう》の地、つまり百越《ひやくえつ》の住む山間地帯も奪い、桂林・象《しよう》・南海の三郡を置いた。オルドスの北の黄河の辺にも砦《とりで》を築いた。戦国末期の戦争が対六国の内戦であれば、今度は対外戦争である。臨戦の態勢が求められた。始皇三十四年は、南には城塞、北には長城を築くことから始まる。そんなさなか始皇帝は咸陽宮で宴会を開いた。宴会といってもこの年は、始皇帝四十七歳の時で、博士七〇人が長寿の祝いを述べた。一般に中国古代で長寿といえば六十歳以上の年齢を指し、六十歳は秦代にも労役の免除の年齢であったが、実際には五十歳から肉体的な衰えが始まり老境に入ったと見られていた（山田勝芳「中国の政治における老人と年齢区分について」『「老い」の比較文化論的研究——日本を中心として』平成四年度科学研究費補助金研究成果報告書、一九九三年）。始皇帝の長寿を祝い発言したのは、三人で、それぞれの立場で意見を述べ立てた。僕射《ぼくや》の周青臣《しゅうせいしん》は、始皇帝の帝国の誕生を最大限に評価し、現状肯定の立場を明らかにした。海内《かいだい》を平定し蛮夷《ばんい》を放逐し、人々を安楽にして戦争の憂いをなくした功績を評価した。博士の淳于越《じゅんうえつ》は、現状肯定の周青臣が皇帝におもねるものと批判し、古《いにしえ》に学ばずして長らえたものはいないとし、夏殷周《かいんしゅう》三代を評価した。始皇帝は二人の立場の違いを議論させた。そして最後に丞相李斯は、諸生が今から学ばずに古に学び、現状を批判し、人民を惑わしていることを強調した。淳于越の立場を排除しようとしたのである。長寿の祝いの宴会は、激論の場となったようだ。『史記』の文章には、本音をぶつけ合う迫力が伝わってくる。李斯が焚書令で処罰しようとしたのは、こうした古を肯定し今をそしる学者たちの言動であった。焚書令は対外戦争を戦っていくために取られた政策であった。

地下に眠っていた書籍群

秦の南郡の郡治は江陵県にあり、ここは長らく戦国楚都郢《えい》であった。近年、この江漢平原の地が、江陵を中心に戦国から秦漢にかけての出土資料文書の宝庫になっている。楚、秦、漢の時代の竹簡をそれぞれ楚簡、秦簡、漢簡といい、その上に出土地をかぶせて史料名としている。戦国時代では望山楚簡（湖北省江陵県）・包山楚簡（同荆門《けいもん》市）・郭店楚簡（荊門）・慈利楚簡（湖南省慈利県）、秦代では睡虎地秦簡・竜崗秦簡（ともに雲夢県）・王家台秦簡（江陵）、前漢代では張家山漢簡（江陵）、ほかに湖南省長沙の馬王堆漢墓帛書《はくしょ》を含めれば、大変な数量になる。これだけの竹簡、木牘、帛書が二〇〇〇年以上も隔てて残されていたのは、江漢平原の湿潤な気候風土と関係がある。地下深くに木槨《もっかく》の墓室を設け、周囲を粘土質の土（白膏泥《はっこうでい》）や木炭の層で被い、さらに地上には墳丘を築いていく。木槨を腐らせずに保てれば、そのなかの竹簡も残存する。馬王堆前漢墓で被葬者の五十歳代の女性の遺体が腐乱しなかったのも、地下深くに埋葬したからである。焚書令の実態を物語る史料は、都咸陽から遠く離れたこの地で出土した。

秦の焚書《ふんしょ》の難をのがれた戦国以前の書物が前漢時代になって発見されたという話はいくつかある。斉人（済南《さいなん》）の伏生《ふくせい》が、『書経（尚書）』を家の壁のなかに塗り込めて隠していたが、漢の時代になって取り出したという。前漢武帝の末にも魯《ろ》国の恭王（在位前一五四～前一二九）が孔子の旧宅を壊して宮殿を拡張しようとしたときに、『尚書』『礼記《らいき》』『論語』『孝経』など数十篇を得たという。前漢景帝の子、河間《かかん》国の献王劉徳（在位前一五五～前一三〇）も民間から『周官』『尚書』『礼記』『孟子』『老子』などの書物を得たという。河間国は河北省石家荘市東方にあった前漢時代の諸侯王国である。これら漢代に発見された書物は、先秦の古い字体で書かれていたので古文といい、漢代の隷書《れいしょ》の今文《きんぶん》とは区別している。古文の書籍が発見されたのは、いずれも旧戦国時代の斉や燕の東方六国の地であった。秦が滅亡してまだ半世紀あまり、東方では秦への反発もあり、秦以前の文献と文字への関心が高かった。これらが前漢の儒者がいうように、実際に秦の焚書令をかろうじてのがれた書籍であったのか、それとも焚書令が地方ではそれほど徹底してなかったとみるべきなのだろうか。

前漢諸侯王の時代よりも前には、戦国六国の諸王や王族の墓のなかに多くの書物が埋まっていた。かつて西晋《せいしん》の二七九年（別説に二八〇、二八一年）、汲《きゅう》郡の人の不準《ふじゅん》が戦国魏の襄王（在位前三三四～前三一九）の陵墓をあばき、数十車分の竹簡を持ち出したと伝えられている（『晋書』巻五一束晳《そくせき》伝）。場所は河南省新郷県の北、黄河の北岸にあり、一九五〇年に発掘された固囲村魏国王族墓地にも近い。ここで発見されたのは魏の時代の史書であり、一七〇〇年以上も前のことであるので竹簡そのものは現存しないが、文章が残されている。『竹書紀年』と呼ばれている編年記は、そのまま始皇帝の時代を迎えれば、当然秦の焚書令の対象になったものだ。現在でも戦国旧楚の紀南城周辺の墓葬からは、近年続々と竹簡の書籍が多く発見されている。一九九三年荆門市郭店の戦国楚墓からは、八〇四枚の竹簡が発見された。戦国時代に副葬したものであるので、秦の焚書令を逃れたものではないが、結果として焚書令をへた書物の発見ということができる。さきの焚書令の対象となった「詩書、百家の語」に相当する儒家、道家《どうか》の書がつぎつぎと発見されている。始皇帝が第二回巡行でこの地を通過したときにはまだ焚書令は出されていなかったが、発令後の第五回巡行で訪れたときには、南郡など地方官吏に焚書を命じながら、一方、楚墓の地中のなかには対象文献が埋まっていたことになる。始皇帝はそのことを知っていなかったのだろうか。ここでは『老子』などの道家の文献のほかに、儒家の文献が多く発見されている。戦国時代から漢代までの学術史は、秦の焚書令で分断されてきたが、今後はそのような見方を見直していかなければならない。『易』などのほかに、『孔子間居』『緇衣《しい》』『五行』『六徳』『魯穆公問子思《ろぼくこうもんしし》』『唐虞之道《とうぐしどう》』『忠信之道』という先秦時代の儒家文献が多数出てきたのである（荊門市博物館『郭店楚墓竹簡』文物出版社、一九九八年）。

焚書令の対象にならなかった医学の書とは、長沙馬王堆前漢墓から出土した帛書のなかに見える『十一脈灸経』『脈法』『陰陽脈死候』『五十二病法』といった戦国期の医学書であろう。卜筮《ぼくぜい》の書というのも睡虎地秦墓などから出土している『日書』などの占卜・禁忌の書や、王家台秦墓出土『易占』、あるいは沙市市周家台五〇号秦墓から発見された竹簡『式占』などのことであろう。種樹の書とは『呂氏春秋』のような農書の類であろう。実学の書はなんら焚書の対象にはならなかった。

しかしこれらのことが、すぐに秦に都合の悪い天下の書物を徹底して禁書とすることを意味するというわけではない。すでに東洋史学者の桑原隲蔵《じつぞう》は、秦の博士七〇人の蔵書は対象外で残っていたことや、民間では口承によって書籍が伝わっていったことから、後世の人々が想像するほど、大きな損害はなかっただろうとしている（「始皇帝」『桑原隲蔵全集』第一巻、岩波書店、一九六八年）。秦の焚書令に敏感に反応したのは、漢代の儒者たちであり、かれらによって焚書令のマイナス面が過度に伝説化されていった。

戦国秦漢時期の竹簡や帛書（絹）といった書籍文書の出土は、秦の焚書令の実態の見直しを迫るものであろう。漢代に五経と定められた易経・詩経・尚書・礼記・春秋の原書を漢代から戦国時代までさかのぼって確認できるようになったことは大きな意味がある。始皇帝の焚書坑儒《ふんしょこうじゅ》という政策を儒家弾圧事件として過大評価した前漢時代の儒家の立場を超えて、焚書坑儒の実態を見ていけるようになったのだ。

万里の長城の実態

万里の長城ほど、中国のスケールの大きさを物語るものはないといわれている。臨洮《りんとう》から遼東《りょうとう》まで万余里と『史記』蒙恬《もうてん》列伝に語られている万里の長城、一万里は当時の尺度で、約五〇〇〇キロ、実際に甘粛省臨洮県から遼寧省遼東までの距離は三〇〇〇キロもないが、曲線の曲がりくねった長城の総延長で見れば、現実性のない距離ではない。しかし、秦の長城がどこにどのように造られたのかというと、よくわかっていない。五〇〇〇キロの長さは、日本列島でいえば、南は沖縄から北海道の北端までを三回行き来してあまりがあり、とてつもない距離である。統一後七年経過した始皇三十三年（前二一四）に築きはじめても、始皇帝の死までは四年、秦の滅亡までは七年しかない。滅亡まで一貫して工事をしていたとも思われないので、五〇〇〇キロ、万里の長城すべてがあらたに新設され完備していたとは考えにくい。

秦の万里の長城を歴史地図に描くことは行われているが、そこには二通りの地図が見られる。一つは譚其驤《たんきじょう》主編『中国歴史地図集』第二冊（地図出版社、一九八二年）の「秦時期全図」にあるように、臨洮から東北に隴西、北地、上の三郡を斜めに横切る戦国時代の秦が築いた長城——これをオルドス長城と呼んでおく——と、黄河最北の陰山山脈に沿って西に延び——これを陰山長城と呼んでおく——、遼東半島北部から北朝鮮平壌付近までの線を描いている（図18—A）。しかし一方、歴史地理学者の日比野丈夫が『アジア歴史事典』「長城」に掲げた地図では、臨洮から蘭州《らんしゅう》の黄河まですぐに出て、寧夏《ねいか》回族自治区を流れる黄河と賀蘭山に沿って北上し——これを賀蘭山長城と呼んでおく——、陰山山脈からは同じように東の遼東まで延びている（図18—B）。この二種の地図の違いは、賀蘭山長城が実際に秦の統一の長城として築かれたのかどうかによっている。臨洮と遼東という起点、終着点は同じでも、二つの解釈がある。この違いは日本の高等学校の世界史の教科書にも現れている。『文物』一九八七年七期の「東周秦漢長城位置示意図」では、AB地図混合型であり、オルドス長城と賀蘭山長城を挙げ、後者を推定長城としてある（図18—C）。

賀蘭山長城を認めない意見があるのは、秦始皇本紀によれば、始皇三十三年（前二一四）に黄河に沿って三三あるいは四三の県城を築いて塞《とりで》としただけで、長城を築いたとは読めないからである。河上の城塞とは点在したものであって、長城として連なったもので

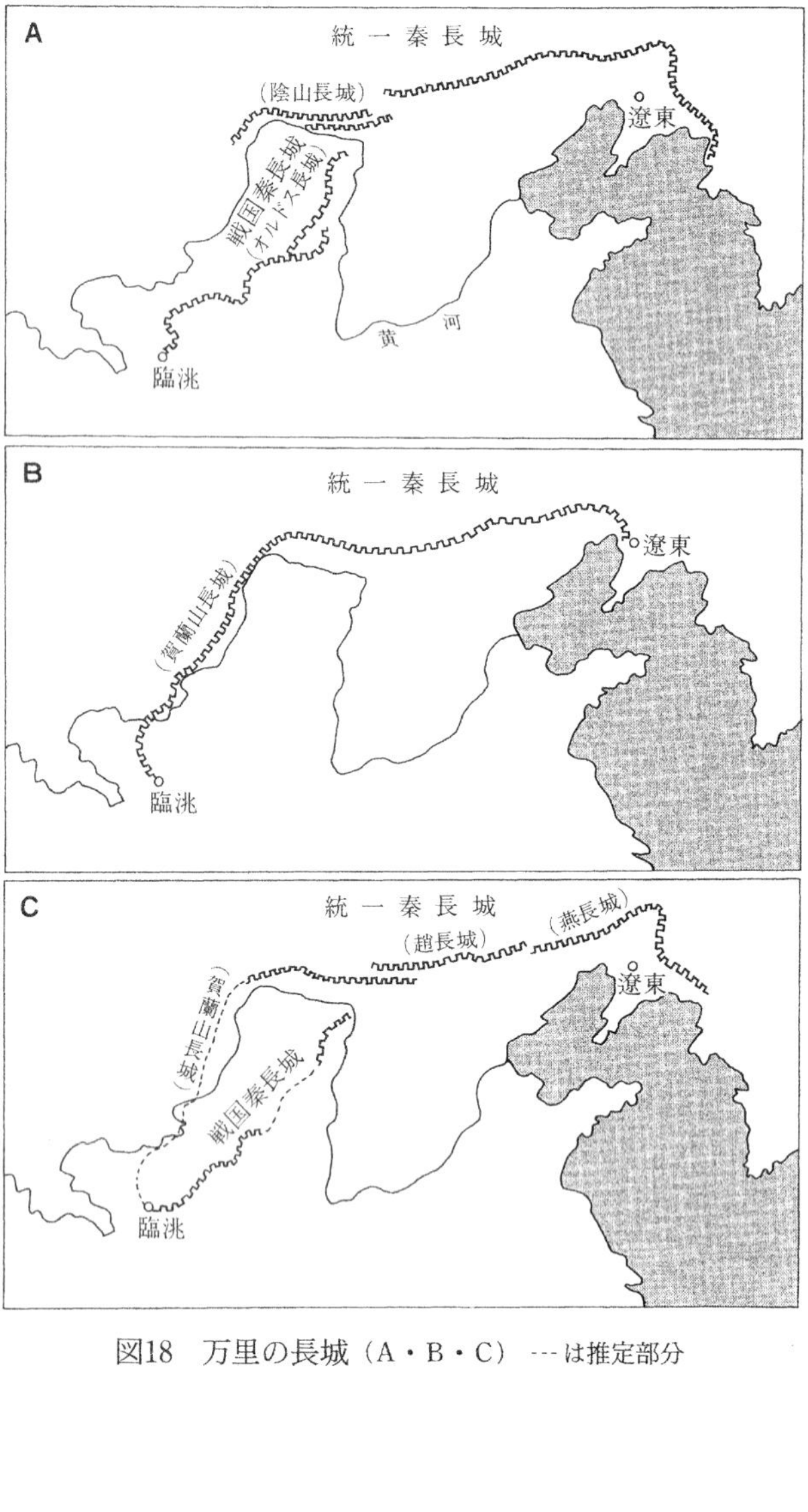

図18　万里の長城（A・B・C）---は推定部分

はないと見ることができる。

賀蘭山長城を認めるかどうかのほかに、陰山長城以東の北辺の長城と戦国趙と燕の長城との関係をどのように描くかでも二通りある。一つは北辺の秦の長城と趙長城、燕長城を重ね合わせたものであり（図18―C）、もう一つはBのように連ねたものである（図18―B）。北辺の長城の基礎に趙・燕の長城を認めるかどうか、もう一つの大きな問題点である。

長城の実地調査

このように見方が分かれるのは、誰でもが知っている万里の長城といっても、実際の調査はあまり進んでいないからだ。調査の方法は土を層状に叩いて固めた版築《はんちく》の長城の痕跡を捜していくこと、その遺跡から瓦片、鉄製工具、生活用陶器などを採集していくことである。漢代の敦煌《とんこう》長城のように、関所跡や木簡文書の出土があればいいが、秦の場合はまだ期待できない。長城というのは直線距離があるだけに、調査は難しい。最近では衛星画像を使用した研究もはじまっており、一九九四年九月の長城国際学術研討会では「寧夏境内長城航空遥感調査研究」という報告が出されている（中国長城学会編『長城国際学術研討会論文集』吉林人民出版社、一九九五年）。遥感《ヤオカン》とはリモート・センシングの訳で、文字通り上空から地上の状況を感知し、識別する技術のことだ。賀蘭山長城があるとすれば、西方から押し寄せている沙漠（砂漠）に埋まっているかもしれないので、こうした調査も有効であろう。史念海氏は、賀蘭山長城が沙漠に埋もれている可能性をつぎのように論じている。賀蘭山西のテンゲル（騰格里）沙漠のなかトインホウラ（通音湖烏拉。寧夏回族自治区中衛県西北）で後漢時代の石刻文字が発見された。ここには南匈奴が漢軍と北匈奴を攻撃することが記述されている（紀元四八年匈奴は南北に分裂し、南匈奴は華北に移住、北匈奴は和帝の時代に攻撃を受ける）。この石碑や中衛県の後漢墓は現在では沙漠に埋もれているが、当時はまだ沙漠化していない。また賀蘭山西麓にも現在ではウランプク（烏蘭布和）沙漠が迫っているが、前漢時代には賀蘭山脈北部に臨戎《りんじゅう》、三封、窳渾《ゆこん》の三県が置かれて屯田《とんでん》していたので、まだここは沙漠化していなかった。したがって秦の時代、まだ沙漠化していなかった賀蘭山脈西麓に沿って長城が築かれていたというのだ（「西北地区諸長城的分布及其歴史軍事地理」「（景愛）《秦長城与騰格里砂漠》跋」『河山集』七集、陝西師範大学出版社、一九九九年）。長城の研究に、自然環境の変遷という視点を入れた研究は断新であり、期待をもって今後の検証を待ちたい。

蒙恬列伝の長城伝説

『史記』という書物は、荊軻《けいか》の暗殺未遂伝説でも見たように、同一のテーマでありながら異なった系統の史料を載せている。『史記』は司馬遷自身のオリジナルな文章ではなく、原史料を紀伝体の形式で集成したものであるからだ。長城の記事も秦始皇本紀系統と蒙恬《もうてん》列伝系統が並列している。別系統の記事を無理に一つにまとめてしまうことは危険であり、伝来の異なるものとして見ておかなければならない。本紀系統の記事を整理すれば、蒙恬の三〇万の兵によるオルドス占領（始皇三十二年〈前二一五〉）→河上の城塞建設、蒙恬黄河を渡り陽山に城塞建設（始皇三十三年）→不正獄吏を長城建設に徴発（始皇三十四年）→九原・雲陽間に直道建設（始皇三十五年）→北河の楡中《ゆちゅう》（河上の城塞）に徙民《しみん》（始皇三十六年）→始皇帝巡行の再開そして死（始皇三十七年）というようになる。

一方の蒙恬列伝の構成は、どのようになっているだろうか。司馬遷は、この列伝では蒙恬・毅《き》兄弟の死にいたる生涯を、趙高《ちょうこう》・胡亥《こがい》を対極において劇的に展開している。起承転結で整理すれば、起は、斉人であり昭襄王、荘襄王、始皇帝と三代秦に仕えてきた蒙驁《もうごう》、武、恬を簡単に紹介する。承では、蒙恬が斉を破った功績で内史となり、天下統一後に三〇万の兵を率いて河南（オルドス）を占領し、北方の匈奴に備えるために臨洮から遼東まで万余里、長城を築いたことなどで、弟の毅とともに始皇帝の信任を受けたことを述べる。蒙恬は外交、毅は上卿として内政を支えた。蒙氏一族の絶頂期であった。そして転――ここで転機となったのは、宦官《かんがん》趙高の弾劾事件であった。趙高の父親は宮刑を犯したので、妻子みな奴婢《ぬひ》となり、子供たちもみな去勢されたという。趙高は獄法の知識に優れ、中車府令となったので、始皇帝の末子の胡亥に法律を教えた。ところが趙高が大罪を犯したときに、蒙毅《もうき》から死罪を下されたのだ。このときは始皇帝の判断で罪を赦された。このときの趙高の蒙毅に対する怨念が、その後の蒙恬兄弟の行方を左右した。始皇帝が最後の巡行の途中病にかかり、蒙毅は始皇帝の治癒のために山川の祀りをするように一行から離された。蒙毅の不在の間、始皇帝は死を迎え、趙高は李斯とともに胡亥を太子に立てる偽詔を作った。始皇帝の長子扶蘇《ふそ》と蒙恬には死罪が下された。扶蘇は死に、蒙恬は死罪を伝える使者の行動を疑ったために助かった。趙高は胡亥に、太子となるのが遅れたのは蒙毅のためであると進言したので、蒙毅は代に、蒙恬も陽周に幽閉された。こうしたなかで始皇帝の葬儀が行われ、胡亥は二世皇帝として即位した。最後の結は、いよいよ蒙毅、蒙恬の臨終の場面である。太子胡亥を非難したことで死罪を伝える使者と、それに答える二人のことばだけが際立っている。蒙毅は、始皇帝に仕えてきて過ちのない自分を殺すのは、道ある君主の行動ではないと遠回しに使者に伝えたが、殺された。蒙毅の大罪に連坐を求める二世皇帝の使者に対して、蒙恬は何の罪を受けたのか身に覚えがないという。そして無念にも最後は、万里の長城の建造によって地脈を断ち切ったことが自分の罪であろうと言い残し、服毒自殺を図った。司馬遷自身は蒙恬の権力におもねる態度を批判しているので、この故事は民間に伝わるものを収録したものであろう。

万里の長城と民衆

河北省秦皇島市の東北、遼寧省との省境近くの望夫石村に孟姜女《もうきょうじょ》廟《びょう》がある。明代長城の山海関の城から六キロ外に出た鳳凰山の頂に位置し、その東南八キロの渤海海上には姜女墳（姜女石）と呼ばれた岩礁がある。この孟姜女廟は明の万暦二十二年（一五九四）に再建される前は、いつ創建されたのかは確定しがたいが、『臨楡県志』によれば宋以前にさかのぼるという。近年山海関付近では北斉（五五〇〜五七七）時代の長城の遺跡が確認されており、孟姜女廟との関連が推測されている。漢代には民衆が秦長城建設に苦しみ、秦崩壊の原因となったという伝説は見られるが、孟姜女のような個人を主人公とする長城伝説はまだ生まれていなかった。『淮南子《えなんじ》』人間訓に、

秦皇録図《ろくと》を挟《はさ》み、其の伝を見るに、「秦を亡ぼす者は胡なり」と曰《い》うなり。因《よ》りて卒五十万を発し、蒙公、楊翁子をして将《ひき》いて城を築き脩《おさ》めさせ、西は流沙に属《つら》ね、北は遼水を撃ち、東は朝鮮に結ぶ。中国内郡は車を輓《ひ》きてこれに餉《おく》る。

とあり、胡《こ》（匈奴《きょうど》）が秦を滅ぼすという予言書によって始皇帝は五〇万の兵を送り、蒙恬

図19　万里の長城の建設（復元阿房宮前殿中央広場の壁画）

と楊翁子《ようおうし》に長城を築かせた。そのための軍糧輸送の負担が全国に及んだという。ここでは匈奴戦と同時に百越との戦争の負担を併記したあと、

　此の時に当りて、男子は農畝《のうほ》を脩《おさ》むるを得ず、婦人は麻を刻《つむ》ぎ縷《いと》を考《う》つを得ず。羸弱《るいじゃく》は服して道に格《いた》り、大夫は箕《みの》もて衢《みち》に会し、病者は養うを得ず、死者も葬るを得ず。

とし、男子は耕作、女子も紡績に勤められず、弱者は道に倒れ、役人は升《ます》ではなく箕《みの》で重く加税し、病人は治療もできず、死人を埋葬することもできない。その結果秦は崩壊に向かった。

　是に於て陳勝大沢に起き、臂《ひじ》を奮い

て大呼すれば、天下席巻して戯《ぎ》に至る。劉項の義兵を興し随いて定むること、槁《かれき》を折り振い落すが若《ごと》く、遂に天下を失う。禍は胡に備え越に利するに在り。城を築き修め以て亡ふに備うるを知らんと欲するも、城を築き脩むるの亡う所以《ゆえん》なるを知らざるなり。

陳勝が、武器をもたずに素手をふるっただけで天下の者は呼応し、驪山北の戯に集まった。劉邦と項羽の行動は、枯木の枝を折って振い落すようなもので、秦はついに滅亡した。北の胡に備えたことが南の百越の勢力を助長してしまった。秦は、長城で亡国に備えることを知っていたが、そのことが国を失う原因になることを知らなかった。

この図式の原型は、秦が滅亡して一〇〇年後、秦の例をあげて国家の存亡を淮南王に説く伍被のことばのなかに見え、蒙恬が長城を築いたことが非難される。すなわち『史記』巻一一八淮南列伝に、

蒙恬を遣りて長城を築かしむること東西数千里、兵を暴《あら》わし師を露《あら》わすこと常に数十万。死者は数うるに勝《た》う可《べ》からず、僵尸《きょうし》千里、流血頃畝《けいほ》、百姓力竭《つ》き、乱を為さんと欲する者は十家に五なり。

とある。これは聖人の道を絶った秦を非難する文脈で語られたことばである。計り知れな

い死者の数、死体は千里も連なり、流血は田畑にあふれるといった表現は、伍被の淮南王への弁論の表現として割り引いて理解しなければならない。

賈誼《かぎ》の曾孫の賈捐之《かえんし》が、たびたび反乱した南越の珠涯《しゅがい》とは無意味な戦争をすべきでないことを元帝に建議したことばのなかに、秦の戦争についてつぎのように言及している。

以て秦に至り、兵を興して遠攻し、外を貪り内を虚しくし、務めて地を広めんと欲するも、其の害を慮んばからず。然らば地の南は閩越《びんえつ》を過ぎず、北は太原を過ぎずして天下潰畔《かいはん》し、禍は卒に二世の末に在り。長城の歌、今に至るまで未だ絶えず。（『漢書』巻六四下賈捐之伝）

秦の対外戦争は国内をおろそかにする政策であり、その害悪を考えたものではない。結局閩越（浙江、福建省）や太原を越えずに、天下は離反し、二世皇帝の末に秦は滅んでしまった。長城の歌の具体的な内容はわからないが、おそらく秦の長城建設と対外戦争を非難したものであり、前漢末に民間に伝わっていたという。後漢の班固《はんこ》も、

秦始皇即位すること三十九年、内に六国を平らげ、外に四夷を攘《はら》う。死人乱麻の如く、骨を長城の下に暴《さら》し、頭顱《されこうべ》相い道に属《つら》ね、一日として兵無くんばあらず。是れ由り山東の難興り、四方潰《ついえ》て秦に逆《そむ》く。（『漢書』巻六三武五子伝賛）

といい、秦を非難するために長城の下に犠牲者の頭蓋骨が連なっていたという表現を用いている。

一方、漢代にも、長城とは別に斉の杞梁《きりょう》の妻の故事が伝わっていた。劉向《りゅうきょう》の『列女伝』によれば、斉の荘公《そうこう》（前五五四〜前五四八）が莒《きょ》で戦死した杞梁の妻に帰路弔いのことばをかけたが、妻は夫が罪を犯したのでもなければ礼に反するとして拒絶したので、荘公は改めて家に赴いて礼を尽くした。杞梁の妻は身内もなく孤独になってしまったので、夫の遺体にすがって哭《こく》したところ、周りの者は涙を流し、一〇日して城も崩れてしまうほどであった。結局彼女は淄水《しすい》に身を投げ、貞女として知られたという。『春秋』左伝襄公二十三年（前五四九）に、「斉侯帰り、杞梁の妻を郊に過ぐ」とあるので、この伝説の原型は春秋故事にあった。

このように長城犠牲の伝説と杞梁の妻の伝説とはまったく別のものであり、後漢の王《おう》充《じゅう》も両伝説に別々に言及している。『論衡』巻二三讕《らん》時篇に、

蒙恬秦の為に長城を築き、天下の半を極むれば、則ち其の禍を為すこと宜《よろ》しく万を以て数うべし。長城の造を案ずるに、秦民多くは死せず。

といい、長城の建設には天下の半分の労力を費やしたので、万単位の犠牲者が出たが、そ

れでも死者はさほど多くなかったと冷静にとらえる。同巻五感虚篇にも、

伝書に言う、杞梁氏の妻城に嚮《むか》いて哭せば、城これが為に崩る。此れ、杞梁の従軍して還らざれば、其の妻これを痛み、城に嚮いて哭す。至誠悲痛、精気城を動かし、故に城これが為に崩るるなり。夫《そ》れ城に嚮いて哭する者は実、城これが為に崩るる者は虚なりと言う。……然らば杞梁の妻の城を崩す能わざること明らかなり。或は時に城適《たまたま》自ら崩れ、杞梁の妻適哭す。下世《かせい》虚を好めば、其の実を原《たず》ねずして、故に崩城の名、今に至るまで滅びず。

とあり、杞梁氏の妻が哭したのは事実だが、城が崩れたのは虚言であり、哭したときにたまたま城が崩れたかもしれないという。そして世間では虚言が好まれ、事実を確かめようとしないので、崩城の故事が伝わっていくのだと、批判的に見ている。

その後魏晋南北朝時代に入っても両伝説が結びつくことはなかった。『水経注』巻三に秦の長城と百越開拓の負担について、「昼警し夜作せば、民労《つか》れて怨み苦しむ」といい、晋の楊泉の『物理論』という書を引用する。

秦始皇蒙恬を使して長城を築けば、死者相属《つら》ぬ。民歌いて曰く「男を生まば、慎みて挙げる勿《なか》れ、女を生まば哺《ふく》みて用て餔《やしな》え。長城の下に見ずや、尸骸《しがい》相い支拄《しちゅう》するを」

と。其の冤痛《えんつう》此の如きか。

民衆の怨声として、男の子は長城建設に駆り出されるので取り上げず、女の子だけを育て、長城の下には犠牲者の遺骨が人柱となっているという。しかしこの民謡を冷静に見れば、過去の始皇帝を非難するのではなく、始皇帝にかこつけて現世の苦悩を怨んだ声として読み取れる。

孟姜女伝説と秦漢離宮遺跡

顧頡剛《こけつごう》は孟姜女の諸伝説を時代と地域に分けて詳しく整理したが、杞梁氏の妻が孟姜女と呼ばれ、城が崩れる内容から長城に徴発された夫の安否を尋ねる話に転化したのは、唐代のことであろうと推測される。唐代の『琱玉集《ちょうぎょくしゅう》』巻一二感応編には『春秋』の杞良の妻の話とともに、『同賢記』という書に見える秦始皇帝の長城建設の犠牲になった杞良の妻の別の故事を引用して並べている。始皇帝の長城建設の課役から逃亡した杞良は孟起の家に逃げ込み、そこでたまたま池で水浴びしていた女の仲姿《ちゅうし》に出会った。二人が夫婦として結ばれた後、杞良は徴発された地に戻ったが、そこの役人に捕まり、殺されて長城の人柱となっていた。仲姿が長城に行き着いて、城に向かって号泣したところ、城は倒壊して中から白骨が出てきたが、どれが夫のものかわからないので、仲姿は自分の指の血を一つ一つの骨に滴らせたところ、血を吸入した骨が杞良のものであったので、それを持ち帰ったという。

この杞良（梁）の妻の名は、敦煌《とんこう》曲子詞集《きょくししし しゅう》には杞梁の妻孟姜女とあるから、秦長城と結びついた孟姜女伝説は、唐代にさかのぼれる。そして『琱玉集』の引用した『同賢記』という書が、唐代よりさらに南北朝期にまでさかのぼれるとすれば、秦長城を非難する伝説と、杞梁の妻の伝説とが結びついたのも、その時期と推測できる。孟姜女伝説の一つの舞台が山海関の明長城付近であったのも、実は明長城を秦長城と誤ったのではなく、北斉長城の所在地に生まれたと考えられる。六世紀の北斉王朝は東魏高歓《こうかん》の子が文宣帝として立てた王朝であり、とくに北方には突厥《とっけつ》、契丹《きったん》、柔然《じゅうぜん》の勢力があり、長城の建設に積極的であった。北斉の長城建設は秦より残酷であったとも言われる。北斉王朝の長城工事負担への恨みが、過去の始皇帝の事業に託されて語られたのであろう。

さらに興味深いのは、この地はまったく秦とは無縁の地ではなかったことである。ここは渤海《ぼっかい》に面した碣石《けっせき》という地であった。漢代の人々はそもそも東の海に面する碣石と、北辺長城の東端遼東とを明確に区別していた。北辺は匈奴の侵入に対する防衛線であり、東方は海の彼方の神仙世界への入り口であった。しかし魏晋南北朝時代になると、いつしか長城の東端が碣石であるという伝説が生まれ、長城の東端は海に行き着く。朝鮮半島などの東方への知識が深まったことも理由の一つであろう。『水経注』巻三には、「臨洮自《よ》り起き、東は遼海に曁《およ》ぶ」とか、「始皇、太子扶蘇《ふそ》と蒙恬をして長城を築かしめ、臨洮自り起き碣石に至る」とか記し、『史記』の臨洮より遼東までという記述が、臨洮より碣石に変わってきている。長城の東端は遼東すなわち遼水の東から、碣石という海の岩礁に変わってしまったのだ。碣石の地の長城伝説はこうした背景があった。

遼寧・河北両省境界の渤海沿岸に位置する秦離宮建築遺跡の発見は、秦の離宮の意味と長城との関係を考えさせる契機を与えてくれた。この離宮遺跡の発掘は二つの省にまたがっているので、遼寧省側は一九八二年以降、石碑地、黒山頭遺跡、河北省側は一九八四年以降、金山嘴《きんさんし》遺跡、横山遺跡をそれぞれ調査・発掘した。全体の遺跡の様子を知るには両省の管轄区域を超えて、渤海沿岸約五〇キロの広い範囲で調査内容を整理する必要がある。現在まで東は遼寧省綏中《すいちゅう》県止錨湾から西は河北省北載河の金山嘴までの範囲に、合計一七ヵ所の建築遺跡が発見されている。孟姜女の古墳であるという伝説のある姜女石は、本来二つの岩であり、門闕《もんけつ》のようにそびえ立っていたので碣石門と呼ばれた。現在は西側の岩が三つに砕かれ、横に倒れて伏しているように見える。この対岸の海を望む高台にある石碑地遺跡は、一五万平方メートルにも及ぶ大型の離宮建築であることがわかった。始皇帝陵の陵園や関中の離宮建築に使用したのとほぼ同じ規格の直径五二センチの夔紋《きもん》大型瓦当が発見されたことは、東海に面した碣石宮の重要さを確認することになった。海に面した多層建築を中心にいくつかの宮殿建築から構成されていた。

　この一帯は姜女石に限らず、沿岸には岩礁が多い。碣石の意味は本来そびえ立った岩礁のことであるから、姜女石以外も碣石と呼ばれた可能性もある。姜女石の西二キロの竜門石も門闕の形をした二つの岩礁で、その対岸の黒山頭という岬からも、瓦片・礎石・版築台・空心磚《くうしんせん》の階段・排水管・円形貯蔵庫などの建築遺跡が発見された。ここもやはり海を望む多層建築であることがわかった。始皇帝は第四回の巡行のときに、ここから海を見渡し、その後北に万里の長城をめぐってから都にもどった。

始皇帝の死

皇帝の死の予言の真偽

始皇帝の死の前年、始皇三十六年（前二一一）、天体に異常があったことが秦始皇本紀には記録されている。「熒惑《けいわく》、心に守る」、熒惑の熒はかがりび、火のように燃える不吉な惑星である火星が、東方の心宿（サソリ座）の星座の場所に止まったというのだ。心宿とは黄道上の二八宿の一つ、熒惑が一ヵ所に止まるのは不吉な前兆であると考えられていた。わたしたちは火星の実体をある程度知っているが、古代の人々には不思議な動きをする星と見られていた。地球にもっとも近い惑星である火星は、地球よりも太陽を回る軌道が一・五倍も大きいので、地球から見た大きさの変化は大きい。地球から見た軌道は黄道に沿っているものの、西から東へと直線的ではなく、ときに東から西に逆行したり停止したり不規則な動きとなる。加えて赤く輝くので、中国古代の人々は、災いや兵乱を招く星と見ていた。したがって熒惑の観測には細心の注意が払われた。このとき軌道が停止したわけだから、何かが起こる前兆と考えたのであろう。熒惑は一年中見えるわけではない。

一九七三年から七四年にかけて、長沙馬王堆三号漢墓から一二万字にのぼる大量の帛書《はくしょ》が出土した。そのなかに『五占星』を命名した書物があり、そこには始皇帝元年（前二四六）から前漢文帝三年（前一七七）まで七〇年間の歳星（木星）、塡星《てんせい》（土星）、太白（金星）の運行が記されていた。始皇帝の年号は「秦始皇帝何年」としている。天文観測の記事は信頼できるものである。

さらに秦始皇本紀には、このあとに墜星《ついせい》（隕石《いんせき》）が東郡に降ってきたと記述している。東郡は河南省東北の黄河下流である。ここまでは秦の側でこの年の自然現象を忠実に記録した史実であろう。しかしこの後の記述が事実であるのかは、慎重に読みとらなければならない。地上に落ちた隕石に「始皇帝死して地分る」と刻んだ者がいたというのだ。始皇帝は御史《ぎょし》を派遣して調べさせたが、認める者がいなかったので、隕石の付近の住民を皆殺しにし、その石を焼き溶かしてしまったという。焼き溶かしたということは、石質隕石ではなく、金属質の鉄隕石あるいは石鉄隕石であったのだろうか。その金属質の表面に文字を刻んだのだろう。隕石の文字は、始皇帝の死と統一の崩壊を予言したものだ。この事件をのちの漢代の人々の創作した反秦伝説と見るか、それとも秦の時代に実際にありえた反秦行動と見るか、二つの解釈の可能性がある。栗原朋信は、始皇帝は死後の称号であるので、これも漢初の話であると見ている。

秋には続けざまに奇妙な事件が起こった。秦の使者が関東（函谷関《かんこくかん》の東の地方）から戻ってくる途中、華陰《かいん》の平舒道《へいじょどう》という所で玉璧《ぎょくへき》をもった者に道を遮られ、かれは「滈池君《こうちくん》に渡してくれ」といい、さらに「今年、祖竜死す」と述べた。男は行方知れず、御府に玉璧を鑑定させてみると、始皇帝が前二二〇年、巡行のときに江水（長江）を渡ったときに沈めたものであった。

この部分はいかにも作り話のようであるが、これを受けた次の行動を見ると全面的に否定するわけにもいかない。すなわち始皇帝は占ってみると、卦《け》は「游徙《ゆうし》の吉」と出た。その結果を受けて北河、楡中《ゆちゅう》に三万家を移し、移住者には恩典として爵位一級を与えた。睡虎地秦墓出土竹簡の『日書』には、「正月五月九月に北徙《ほくし》すれば大吉、東北すれば少吉」などとあり、中国古代の人々は自らの土地を離れる不安を抑えるために、『日書』で慎重に行動したことがわかる。「游徒の吉」も作り事ではない。

最後の部分は、実際に行われた政策である。北河、楡中は黄河の上流、秦の西の守りである。ここに三万家を徙民《しみん》し、不吉な一連の事件の厄払いを行った。隕石と玉璧の事件も、反秦勢力が始皇帝の死を願ってとった行動であったかもしれない。滈池君は後世の解釈では、鎬《こう》の地にいた周の武王を意味し、暴虐な殷《いん》の紂《ちゅう》王同様始皇帝を伐つべきことをいっているのだという。祖竜の意味は、祖先の竜ということではなく、祖は始め、竜は君主を指し、始皇帝のことを暗示しているのだという。始皇帝の居所である咸陽《かんよう》宮の遺跡では、こうした故事を想わせるような竜と璧を組み合わせて描いた竜璧紋画像磚《せん》や、それに鳳凰《ほうおう》が入った竜鳳紋画像磚が発見されている。画像磚は宮殿を飾った建築材料であり、吉祥の画像としてこのようなものを描いた。ここの竜は、角と髭《ひげ》があり、四本足に三本の爪が見える。

咸陽宮の一号建築遺跡からは奇妙な水神騎鳳空心磚と命名された磚が出土している。この鳳は口に玉を含み、頭には冠羽があり、その背には歯をむき出した神人が乗っている。鳳は鳳凰、朱雀といい、もともと南方の七つの星宿を組み合わせた想像上の鳥であり、雉《きじ》や孔雀《くじゃく》がモデルになっている。

前年の「卦は游徙の吉と出た」という記事は、北辺に民を移す政策につながる一方、翌年の始皇帝自らの巡行にもつながっているかのようである。

最後の巡行と始皇帝の死

始皇三十七年（前二一〇）いよいよ最後となる第五回の巡行が行われた。第四回の巡行から五年ぶりのことである。匈奴《きょうど》と百越《ひゃくえつ》との南北の対外戦争が一段落したために、巡行を再開したのである。始皇帝も年を重ね、ちょうど五十歳の齢となった。年頭の十月癸丑（四日）に咸陽を出発し、左丞相の李斯が同行し、もう一人の右丞相馮去疾《ふうきょしつ》は留守を任された。このとき少子胡亥《こがい》も同行することになった。睡虎地秦墓出土日書によれば、十月の東徙は大吉、東南は少吉であった。

司馬遷のこの年の記事の書きぶりは、前年の始皇帝の死の予言から死にいたる経過として進行する。あたかも死を予感させる事件がならぶ。この年の事件をまず列挙してみよう。

十月　咸陽を出発する。

十一月　雲夢に行き、虞舜《ぐしゅん》を九疑山《きゅうぎさん》に望祀する。

○江水に浮かんで籍柯《せきか》を観、海渚《かいしょ》を渡る。

○丹陽を過ぎ、銭唐にいたる。

○浙江《せっこう》に臨んだが、波が高かったので、一二〇里進んで狭中より渡る。

○会稽《かいけい》に上り大禹《だいう》を祭る。
○南海を望み、石刻を立て、秦の徳をうたう。
○呉を過ぎ、江乗より渡る。
○海上にそって琅邪《ろうや》にいたる。
○琅邪から栄成山にいたる。
○之罘《しふ》で巨魚を見て一魚を射殺する。
○海にそって西に行く。
○平原津で病になる。
七月丙寅　沙丘の平台《へいだい》で崩ずる。
（月の判明しないものは○）

この年の巡行は、ほぼ一年もかけて全国を回るものであった。皇帝が一年も都を空けることは、特別な事態であったといえよう。始皇帝が自らの死を予感して回ったのか、それとも巡行の途中で不意の病死をとげたのであろうか。司馬遷の記事は、明らかに前者の立場で記事を並べている。

今回の経路の特徴は、水路をよく利用していることだ。まず咸陽から陸上を一気に雲夢まで下る。巡行の記事のなかで、唯一経路と時間のわかる記事だ。十月に咸陽を出発して十一月に雲夢に到着した。日数はわからないが、六四〇キロの距離を最大で一ヵ月を要したことがわかる。一日二〇キロ程度の速度である。雲夢のあとは、江（長江）に船を浮かべて下り、籍柯を見た。この籍柯というものがよくわからず、従来はほとんど説明されていない。籍とは敷くとか踏むという意、柯とは柄・茎・枝・樹木名（船舶の素材）である。おそらく柯は舸（舟）に通じ、江水に並べて浮かべられた舟（浮き橋か）を意味するのであろう。下流では海渚を渡っている。海渚とは河幅のある江水の中洲のことであろうか。そして江水沿いの丹陽から銭唐に行き、浙江（現在の銭塘江）を渡ろうとした。ここでも高波に進路を阻まれた。浙江を西に一二〇里（六〇キロ）もさかのぼった、河幅の狭い場所で渡り、会稽山《かいけいざん》に向かった。現在の銭塘江の河口には杭州の街と西湖《さいこ》があるが、二二〇〇年前の地形は大きく異なっていた。杭州湾は三角形に広がっているので、毎年旧暦の八月十七日には満ち潮のために海水が波を立てて逆流する。観潮として知られている。始皇帝がここを通過した始皇三十七年は、閏月が年末の九月の後に入っている。一ヵ月ほどのずれがあったので、七月十七日前後には高潮が浙江に押し寄せたことが推測できる。始皇帝の一行がそこに遭遇した可能性もある。

ここまでの経路は、南方で五帝の虞舜《ぐしゅん》（虞国の舜）と夏の禹を祭るのが目的であったようだ。統一時に皇帝号を称したときに、意識したのは天の上帝と地上の五帝であった。地上の五帝は黄帝《こうてい》・帝顓頊《せんぎょく》・帝嚳《こく》・帝堯《ぎょう》・帝舜《しゅん》であり、当時関連する史跡が各地に伝説として存在していた。舜を祭った九疑山は現在も九嶷山といい、湖南省と広東省の境界にある。九つの峰をもった山岳は、馬王堆漢墓出土の古地図にも描かれている。雲夢沢から湘水（湘江）をさかのぼったところにある。始皇帝は第二回巡行のときに、洞庭《どうてい》湖《こ》の湘山まで来て、大風に遭い、それ以上南下することはできなかった。今回は湘水のどこまでさかのぼったのか、わからないが、湘水から九疑山を望んだ。望祀というのは、かならずしも現地まで行くことはない。

『史記』の本紀では五帝本紀、殷本紀、周本紀、秦本紀、秦始皇本紀と続く王朝の交替を認めていたが、秦に同じ史観があったかどうかはわからない。しかし五帝と夏《か》王朝の始祖である禹《う》を重視したことは確かである。夏王朝の禹も、戦国時期にはかなり伝説化された人物である。

工藤元男氏は睡虎地秦墓から出土した日書という竹簡文書から、禹の信仰をさぐっている（前掲書）。『尚書《しょうしょ》』禹貢《うこう》に見える禹には、治水の王としての禹王が登場するが、『日書』という占いの書には、行神、アジール神、治癒神としての禹王信仰が見えるという。始皇帝が平原津《へいげんしん》で病気になったときに、同行していた蒙恬《もうてん》の弟の蒙毅《もうき》は、病気治癒を祈願するために、一行から離れて山川祭祀に出かけている。また前年に「祖竜死す」という予言があったときに、始皇帝は「山鬼は固《もと》より一歳の事を知るに過ぎざるなり」といい、山岳の鬼神はその年のことしかわからないとしているのは、山岳神が人間の疾病、死に関わることを認めているからこそのことである。舜や禹を山岳で祭ったのは、積極的に自らの帝王の地位を五帝や禹に重ね合わせようとしたのか、それとも悲観的に自らの老ゆる身体に神の加護を求めたのだろうか。

海神伝説

琅邪台《ろうやだい》で方士の徐市《じょふつ》に会ったあと、始皇帝は人間の様相をした海神と戦った夢を見た。夢占いを博士に見させたところ、「水神はみずから姿を現さずに大魚蛟竜となって出てきます。いま陛下は身をつつしんで祭祀をしているのに、このような悪神が現れるので、除去して善神を招き入れるべきでしょう」と答えた。そこで海に入る者に大魚を捕らえる道具を持たせ、みずからも連発の弩《ど》をもち、大魚が出没すれば射た。琅邪から栄成山まで追ったが海神は現れず、之罘でようやく一匹の大魚を射殺したという。

司馬遷が収録したこの海神伝説はどのように生まれたのであろうか。司馬遷は『史記』巻一一八淮南列伝に、別の海神伝説を取り上げている。前漢時代に伍被が淮南王に秦の乱世を説明するなかで、秦のときに徐福が海神と出会う故事をとりあげた。始皇帝に不老不死の薬を求められて東海に出た徐福は、海から帰還して海神と出会った作り話をした。海神は徐福に向かって西の皇帝の使者といい、延年益寿の薬を求める徐福に、秦王の礼物が少ないことを理由に、蓬萊山《ほうらいさん》の宮殿に案内して薬だけを見せた。最後に海神は、若い男女と百工をよこせば薬を与えようといった。ここには東海の海神と西方の皇帝の対立の図式がうかがえる。秦に征服された東方の民は、海神を始皇帝よりも優位にたつ存在として描き出すことによって、反秦の感情を表現したのであろう。

このような漢代の海神伝説は渤海湾、黄海沿岸一帯に広がっていたが、始皇帝が海辺を巡行したことで海神と始皇帝とが出会い、会見したり戦闘したりする故事が生まれた。当然東方臨海の人々にとって見れば、海神は自分たちの守護神であり、西方の内陸から到来した始皇帝の方を外来者として描いた。司馬遷はこの地に入ったときに、こうした伝説を耳にし、秦始皇本紀にも収録したのであろう。司馬遷は一見始皇帝が海神を悪神として殺す話として秦の側に立っているようであるが、結局は海神の化身の大魚を射殺したことが平原津での始皇帝の病いを招き、さらに沙丘平台での死にいたる伏線として取り上げている。

山東省嘉祥県武梁祠の後漢画像石には、海神の戦闘が画かれている。中央左の戦車には御者（左）と海神（右）が乗り三匹の魚に引かせている。渦の波の上を快走しているようだ。周りには魚に騎乗した兵士が楯や剣を持ち、亀や魚や蟾蜍《せんじょ》（ひきがえる）も参戦している。魚人のような兵士や、羽人や竜も見える。かれらは左端の海中の居所から右方向に邁進している。しかし戦う相手は見えない。よく見ると一人だけ中央で左に向いて跪《ひざまず》いている人物が気になる。かれの相手は戦車の後方に立っている人物、戦車に乗っている海神と同じ姿であり、この二人だけが戦闘場面のなかで静止している。時間的に経過した二つの場面を重ねたからであろう。『史記』淮南列伝の徐福伝説によれば、秦始皇帝の命を受けて東海に仙薬を求めた方士の徐福は、入手できずに海神に出会ったと偽った。海神は始皇帝の礼物が少ないので仙薬を与えなかった。徐福がつぎに持参すべきものを尋ねると、未婚の男女と技術者を求められた。画像石の中央の二人は、このような海神と徐福とも解釈できよう。さらに秦始皇本紀によれば、秦始皇帝は死を迎える年、山東を巡行した際に方士の徐市（福）と出会い、東海の世界の情報を得た。このとき始皇帝は人間の姿をした海神と戦う夢を見た。画像石の海神の戦闘場面は、もう一つの伝説を画いたのであろう。

始皇帝、沙丘にて死す

始皇帝は巡行で地方を回っている途上に病死した。『史記』の記述は淡々としている。始皇三十七年のこと「西のかた平原津に至りて病す」、そして「七月丙寅、始皇沙丘平台に崩ず」と。また巻八七李斯列伝には「其の年の七月、始皇帝沙丘に至り、病甚だし」とある。

山東半島から黄河に出た始皇帝の巡行の一行が平原津という渡しで黄河を渡ったときに、始皇帝は病気となった。そして沙丘の平台で死去した。平原津は現在の地名でいえば、山東省平原県の南、沙丘は河北省巨鹿県付近である。平原津は現在の黄河が流れる山東省の省都済南から西北に七〇キロ、沙丘は平原津から西に一一〇キロ（河北省邯鄲市東北八〇キロ）いった所に位置する。秦代の黄河は、春秋時代以来現在よりもかなり北方を流れ、天津付近で渤海に注いでいた。平原津はまさに当時の黄河の渡しであり、沙丘は、春秋以前のさらに古い黄河の河道にあった大陸沢という湖の近くであった。沙丘の沙（砂）も細かな黄河の泥土が堆積した土地であることをうかがわせる。司馬遷の時代には平原津はまだ黄河の辺りの渡し場であったが、二〇〇年をへた後漢の時代には、黄河は南に移り、水辺ではなくなった。筆者はまだこの一帯は未調査だが、将来ぜひ詳しく回りたいと思っている。

図20　始皇帝の死（復元阿房宮前殿中央広場の壁画）

図21　始　皇　帝　陵

始皇帝は巡行の途中に道路で不意に亡くなったのではなく、黄河を急いで渡ってとりあえず離宮のある沙丘まで運ばれたのである。

沙丘で亡くなったのは何かの縁であろうか。ここは戦国趙の沙丘宮の地であり、武霊王の亡くなった場所であった。武霊王といえば騎馬のための胡服を最初に採用した王である。またここは殷墟《いんきょ》からわずか一三〇キロ、当時の黄河の辺りに殷最後の帝辛《しん》すなわち紂王《ちゅうおう》の離宮の沙丘苑台が置かれていた。酒池肉林《しゅちにくりん》といえば、酒と女に溺れて国を失った紂王の酒宴の代名詞となっているが、酒をたたえて池とし、肉を枝にかけて林のようにし、男女を裸にしてその間を駆けめぐらせたという故事の舞台が、この沙丘であった。

一九八九年、ここから遠く離れた湖北省雲夢県竜崗で出土した統一秦代の竹簡のなかに、「沙丘苑」と記したものが一枚あった。秦の禁苑を管理する法律の一部であり、当時植物や動物資源の豊かな土地が禁苑として保護されていた。この沙丘では殷以来の禁苑が戦国趙をへて秦へと受け継がれていたのである。始皇帝が休息するにふさわしい場所であった。

王者の死であるだけに、死因についていろいろと憶測が生まれるのも当然であろう。民間では、筑《ちく》という弦楽器の名手である燕《えん》の高漸離《こうぜんり》が始皇帝の前で演奏する機会をえたときに、鉛をなかに隠し入れた筑で始皇帝の額を撃ったので、傷ついた始皇帝は三ヵ月後に亡くなったという話が伝わっていた。また高漸離という人物は、荆軻《けいか》とよく酒を飲み、かれの筑の伴奏で荆軻はよく歌を唄った。後漢の王充《おうじゆう》は『論衡』のなかで、荆軻が始皇帝暗殺に失敗し殺された後、高漸離が機会をえて始皇帝に筑を投げつけたのは事実だが、始皇帝に命中し傷ついたというのは虚言であるという。司馬遷も高漸離の話を取り上げたが、結局命中せずに殺されたといい、始皇帝の死とは結びつけていない。

東方では、征服者始皇帝の死をめぐってドラマチックな話がもてはやされたのであろう。歴史家郭沫若《かくまつじやく》（一八九二〜一九七八）は始皇帝の臨終を小説にした。臨終の始皇帝には過去の誤った行為を後悔させた。実父呂不韋《りようふい》を死にやったこと、李斯の意見を受け入れて焚書坑儒《ふんしよこうじゆ》を行ったことなどである。最期の場面はつぎのように創作された。

沙丘で一夜を過した。その翌日の朝早く、李斯と趙高の二人が、走りよって温涼車《（ママ）》の扉を開けた時、始皇帝の右の耳から黒い血が流れているのを見た。いつのことか、気がつかなかったが、早くも硬直して、石のようになっていた。結核性脳膜炎は、理論的には、二、三週間はもつものである。始皇帝は、どうしてこんなに早く死んだのか。胡亥ただ一人のほかには、李斯や趙高でさえも、何も知らなかった。むろん、そのころには、検屍する人もいない。もとより、死体解剖のことなどは、いうにも及ばない。

もしこれが現在であれば、解剖のメスは、始皇帝の右の耳の中から、三寸ばかりの釘を、一本、見つけ出したであろう（平岡武夫訳・郭沫若『歴史小品』岩波新書、一九五〇年）。

もちろん『史記』にはここまで書いていない。しかし漢の時代にすでにこのような始皇帝伝説が生まれていった。私たちはもう新しい神話は作りたくない。それよりも、始皇帝の実像にこそ興味と関心がある。

馬王堆三号漢墓から出土した帛書のなかの医学書によれば、戦国時期以来相当の医学水準に達していたはずだ。巡行の途上であっても、最善の診断と治療が施されていたにちがいない。経絡《けいらく》（一二の経脈と横に広がる支脈）の微妙な脈動の変化を察知し、病状に応じた処方があった。『五十二病方《いほう》』には五二種の病気にあった治療法が記されていた。植物、動物、鉱物の材料を粉砕したり煮込んだりして丸薬のままか、湯や酒に混ぜるなどして服用した。なかには動物の油を使った軟膏の類もあった。秦の時代には太医《たいい》（泰医）がいて医薬をつかさどっていたし、皇帝には侍医がついていた。かれらが始皇帝をどのように診断し、治療し、死を確認したのだろう。帛書『陰陽脈死候』によれば、人間には身体の右には一〇本の陰脈が、左には一二本の陽脈が流れ、これらのどこかの脈が不正常になったときに七七もの病気を起こした。死亡時の症候も、三陽脈の一つと、三陰脈の五つを具体的に説明している。肉・骨・気・血・筋の各部に異変が現れる。始皇帝はどのような症候であったのだろうか。しかし皇帝の死のすべては極秘事項であり、司馬遷は始皇帝の死を記すにあたっては何の情報もなく、あいまいなままであった。かといって始皇帝の死が、伝説に流れてしまってはならない。

伝説と史実のはざま——エピローグ

始皇帝の死後、秦帝国はわずか三年にして崩壊した。不滅の帝国を目指した始皇帝の予想はもろくも崩れ去った。沙丘の地では、趙高《ちょうこう》、李斯《りし》らが始皇帝の末子の胡亥《こがい》を担ぎ出し、偽りの詔を作成した。轀輬車《おんりょうしゃ》のなかに伏せられ、密かに始皇帝の遺体は咸陽まで運ばれた。始皇帝の死とともに、始皇帝伝説がはじまることになる。本書では始皇帝を引き継いだ二世皇帝と、三代目にしてすでに三世皇帝とはなれずに秦王にとどまり、秦最後の君主となった子嬰《しえい》、『史記』秦始皇本紀にはこの三年間の記事は、故事伝説に満ち満ちている。司馬遷は始皇帝の時代を統一への道筋として位置づけたものの、その後の始皇帝の死後三年間の記事で、秦の崩壊、楚漢の抗争、そして漢王朝の樹立の歴史を描かなければならなかった。王朝末期の混乱時だけに、秦の側の同時代の記録『秦記』にはほとんど依拠できない時代へと入った。本書で試みてきたような始皇帝伝説と史実の分析方法とは別の考察が必要となってくる。始皇帝の死後、二世皇帝は生前の帝国の地下帝国を完成させようとした。兵馬俑坑《へいばようこう》を含む始皇帝陵園である（拙著『始皇帝の地下帝国』講談社、二〇〇一年）。本書がひとまず始皇帝の死で終えた理由はここにある。

司馬遷は諸史料を集めて始皇帝の時代を記述したが、読者は本書によって同時代の目線で統一を見直すと、漢代人の始皇帝像とは異なっていることに気づかれたことであろう。歴史というのはあとで回顧したときに、その時代を総括して記述される。そのときに書き手の視点が文章に反映されるし、史実から派生してさまざまな故事、伝説が生まれていく。本書の最後に、始皇帝に関する文字史料から何が読みとられてきたのか、その研究史にふれておこう。

『史記』秦始皇本紀を批判的に読み返す

これまでもふれてきたように、始皇帝の伝説と史実をさぐる基本史料は司馬遷の『史記』秦始皇本紀であった。原文は中華書局版『史記』で手軽に見ることができる。またそこに記された故事・伝説は一般にも『史記』の口語訳で手軽に読むことができる。野口定男・頼惟務・近藤光男・吉田光邦『史記　上』（平凡社、一九六八年）、吉田賢抗『史記　一（本紀）』（明治書院、一九七三年）、小竹文夫・小竹武夫『史記　I』（筑摩書房、一九七一年。のち、ちくま学芸文庫）などがある。書き下し文でも、『国訳史記本紀』（国訳漢文大成、国民文庫、一九三九年）などがある。こうした書を読めば、秦始皇本紀の内容のおおかたは理解できよう。しかし、本書でテーマにしてきた、始皇帝に関する故事・伝説をどこまで信頼してよいのかという問題には、こうした書は答えてくれない。

始皇帝伝説の真偽をさぐるには、『史記』の原文を精読していかなければならない。まずは南朝宋の裴駰《はいいん》『史記集解』、唐の司馬貞の『史記索隠』、同じく唐の張守節の『史記正義』という代表的な三つの注釈書をチェックすることが必要だ。わたしたちが見る『史記』のテキストは、北宋以降のいわゆる三家注の合本である。そこには関連する文献と他の注釈者の文章が数多く引用されている。それらは地名・人物・事件の考証が中心であるが、そのなかに、秦始皇本紀の文章を批判的に読んでいる箇所がいくつか目に付く。たとえば司馬貞が「封禅書《ほうぜんしょ》では秦の文公が黒竜を獲えたことを水徳の瑞兆《ずいちょう》と考えているので、秦始皇帝はそれに従ってみずから水徳と考えた」といっているのは、秦が水徳を採用したきっかけは春秋時代までさかのぼるという重要な示唆である。司馬貞はまた、秦が六尺一歩の制度を採用したことに対して、譙周《しょうしゅう》の「歩は人間の足ではかったものであるから、秦の制度だけのことではない」という意見に同意している。始皇帝のときの新しい制度ではないというのだ。司馬貞は、今日わたしたちが行うように、出土資料から『史記』の文章を修正している。すなわち瑯邪台《ろうやだい》刻石の文章に見える丞相の隗状《かいじょう》の名前を隗林《かいりん》とする諸本を排除している。『顔氏家訓』書証篇を根拠とし、隋開皇初めに都で丞相隗状、王綰《おうわん》二人の名前がある権《けん》（はかり）が出土したことを挙げている。唐の時代にすでに出土資料から既存文献を修正していたのである。

三家注は唐代までの注釈を見るにはよいが、宋代以降の注釈は、瀧川亀太郎の『史記会注考証』が便利である。参照した書は一〇二冊にのぼり、関係する文章のなかに割り注で収めてある。

瀧川亀太郎自身も『史記会注考証』のなかで重要な指摘をいくつかしている。たとえばさきにもあげた始皇二十六年の黔首《けんしゅ》の記事では、黔首が黒を重んずる水徳に基づいているとしながらも、『呂氏春秋《りょししゅんじゅう》』『礼記《らいき》』などの文献にすでに黔首が見られるので、黔首は始皇二十六年にはじまったのではなく、この歳に黔首ということばが天下に広がったのだという。また侯生と盧生が始皇帝のうわさ話をするなかで、始皇帝が一日に一石《せき》の文書を程としたといったことに関して、ただ定程（一定のノルマ）があることをいっただけであると冷静に解釈している。

西安にある西北大学で長らく教鞭を取っていた陳直《ちんちょく》は、もっぱら地の利を生かして収集した考古資料を用いて『史記』の本文の考証をした（『史記新証』天津人民出版社、一九七九年）。従来にない新しいスタイルの注釈書である。そのなかでたとえば始皇帝が第二回の巡行で彭城《ほうじょう》を訪れたときに周の鼎《かなえ》を発見した事件の記事では、『金石索』などで描かれている秦始皇升鼎図の画像石を取り上げている。しかし画像のなかの鼎が漢代の型式であり、それは意図的に描いたものであるので事実ではないとしている。『史記』の秦の記事には、漢代の脚色の部分が加わっていることを指摘したことばとして重要である。

始皇帝伝説への懐疑

『史記』のなかの始皇帝伝説の真偽にまっこうから懐疑的になったのは津《つ》田左右吉《だそうきち》であった（『津田左右吉全集』第一七巻「儒教の研究二」岩波書店、一九六五年）。津田の関心は、人間を説く合理主義的な儒家思想が自然の理法を語る神秘的な陰陽思想によって変わっていく過程にあった。そのような漢代の思想的な流れのなかで、秦始皇本紀に秦滅亡後の後人の造作が挿入していったと考えた。たとえば始皇帝の刻石に言及し、そこでは秦王政が儒家の仁政の理想に近く語られ、自ら仁恩がないなどということはありえないので、始皇帝が「刻削にして仁恩和義なし」という言い方は後人の偽作であるという。漢代の人々は秦を厳しく評価しすぎたために、始皇帝の「泗水物語」「亡秦者胡也の讖《しん》」「『始皇帝死而地分』と刻した隕石《いんせき》を溶かしたという話」なども、秦の滅亡後の造作であるとする。そして秦が水徳を選んだのは、ただ周の火徳に勝つだけの意味にすぎず、五行の一つを選んで政治の方針にすることは事実として不可能であるという。

津田のいう漢代の造作という見方をさらに発展させ、秦水徳採用説を否認したのは、すでにふれた鎌田重雄と栗原朋信の研究であった。鎌田は、漢初に漢が水徳か土徳かという議論をしていることから秦水徳は前提にはなっておらず、秦水徳は秦の水に漢の土が勝つと考えた漢土徳派の仮託であろうといい、とくに秦の三六郡の郡名を検討した結果から、水徳の六の自乗数とはなっていないとされた。栗原の方は始皇帝という死後の名号を用いている記事に注目し、始皇帝を生前に用いている秦始皇本紀の水徳説採用記事は絶対に信用できないという。栗原は、水徳説採用を強く否定する論調のなかで、多くの始皇帝伝説までもすべて秦代の実伝ではないとして、つぎのように切り捨ててしまった。

始皇帝が、彭城《ほうじょう》に至るや、泗水《しすい》に没入していた周鼎《しゅうてい》を引き揚げようとして果さなかった記事にしても、始皇帝が晩年に山東を巡行し、竜神と戦う夢をみたとする記事にしても、また大魚を射止めたという記事も、使者が、夜中に華陰県で滈池君《こうちくん》に会ったという記事も、始皇帝の遺骸を運ぶにあたり、鮑魚一石をもってその臭気を紛らしたという記事も、驪山陵《りざんりょう》の内部構造を伝えるのに、水銀をもって百川・江河・大海をつくったと、大げさな表現が用いてある記事も、人魚の油をもって燈火としたという記事も、二世皇帝が涇水《けいすい》の祟《たた》りを蒙ったという話も、これらはすべて秦水徳説から造成された物語りにすぎず、秦代の実伝ではなかろう。司馬遷は、これ等の物語り的な書を按配しつつ、始皇本紀をまとめたにすぎまい。（前掲『秦漢史の研究』）

しかし、秦始皇本紀の豊富な伝説記事を水徳説に結びつけて簡単に切り捨ててしまうのは強引であり、貴重な史料を無駄にしてしまう。前二一〇年の始皇帝の死から、前一〇四年司馬遷が『史記』を執筆しはじめるまではわずか一〇〇年あまりである。また『史記』は司馬遷一人ではなく、父の司馬談《だん》も『史記』の編纂に部分的に関わっていた（佐藤武敏『司馬遷の研究』汲古書院、一九九七年）。とするならば、漢代初期、秦滅亡からも半世紀ほどしかたっていないころの伝説をすべて創作としてしまうことはできない。なぜそのような伝説が生まれたのか、その背景にどのような史実があるのだろうか。そもそも司馬遷自身、何が史実で何が伝説であるのかなどという線引きはしていなかった。

近年の出土資料は始皇帝の時代から司馬遷、いいかえれば武帝の時代との間を埋めてくれる。始皇帝の時代の出土資料を見るには、饒宗頤主編・王輝著『秦出土文献編年』（台北新文豊出版公司、二〇〇〇年）が編年体でまとめられていて便利である。始皇帝が死去し、秦が崩壊し、始皇帝や秦の伝説化が進みつつあった時代、中央政府では漢のために秦がさまざまに語られた。あるものは史実に忠実に、あるものは史実から乖離して、秦や始皇帝が語られた。睡虎地秦簡や竜崗秦簡などの始皇帝と同時代の秦の竹簡史料はその時代をありのままに伝え、前漢初期の馬王堆帛書や張家山漢簡などは、儒教が官学化される前の時代であるだけに、秦の時代を儒家の立場で脚色することなく一定程度伝えている。

始皇帝研究の著作

さてこれまで始皇帝に関する概説や研究書も数多く出版されてきた。日本でも始皇帝と題するものを挙げてみても、鎌田重雄『秦の始皇帝』（河出書房新社、一九五二年）、咲村観『秦の始皇帝』（講談社、一九八三年）、A・コットレル著／日比野丈夫監訳／田島淳訳『秦始皇帝』（河出書房新社、一九八五年）、吉川忠夫『秦の始皇帝』（集英社、一九八六年）、籾山明『秦の始皇帝』（白帝社、一九九四年）、NHK取材班『始皇帝』（NHK出版、一九九四年）、陳舜臣『秦の始皇帝』（尚文社、一九九五年）など多数見られる。また中国でも楊寛『秦始皇』（上海人民出版社、一九五六年）、洪世滌『秦始皇』（上海人民出版社、一九七二年）、馬非百『秦始皇帝伝』（江蘇古籍出版社、一九八五年）、呉梓林・郭興文『秦始皇帝』（西北大学出版社、一九八六年）、郭志坤『秦始皇大伝』（上海三聯書店、一九八九年）、李福泉『千古一帝秦始皇歴史之謎』（湖南出版社、一九九一年。台北風雲時代出版、一九九五年）、栄真『始皇帝—嬴政』（学苑出版社、一九九七年）など多数ある。それぞれ特徴のある始皇帝論である。

なかでも馬非百の著書は、『史記』以後のあらゆる始皇帝関係の文献史料を用いている。たとえば「巡行全国沿途各地遺迹表」には、全国の地方志のなかから始皇帝にゆかりの地名をくまなく引用している。そのうちのいくつが根拠のある伝説か確定しがたいが、明らかに始皇帝伝説は後世につくられたことを感じる。李福泉の書では、始皇帝の一〇の伝説を中心に、冷静にその真偽を論じている。始皇帝は呂不韋《りょふい》の子であるのか、韓非はなぜ殺されたのか、孟姜女《もうきょうじょ》は長城で哭《こく》したのか、黔首《けんしゅ》の自実田という政策はあったのか、始皇帝は坑儒を行ったのか、徐福は日本に渡ったのか、匈奴を北伐した真相は何か、始皇帝は謀殺されたのか、だれが兵馬俑坑をつくったのか、始皇帝陵の地下宮殿の謎など、興味深いテーマを掲げている。本書であつかった伝説とも重なるところが多い。

そんななかで本書での考察の特徴がどこにあったのかといえば、始皇帝に関する記事を史実として出発するのではなく、一つ一つ疑いながら、その史実の度合いを確認していくことにあった。始皇帝の伝説を追っていくうちに気がついたことは、伝説と史実を両極の物差しとすれば、いかにその間を揺れ動くものが多かったかであった。それは史実のあいまいさというよりは、そこにこそ歴史学の難しさや面白さが見られるのである。

今後の展望

もし時間とエネルギーがあれば、これまで行われていないさらにいくつかの調査を実現し、伝説の背後を探ってみたいとおもう。たとえばまだ秦統一の長城での未確認部分、沙漠に埋もれた秦の長城が実在するのかどうか。衛星画像の分析によって賀蘭山脈と黄河に挟まれた沙漠のなかに、人工的な建造物が発見できればおもしろい。また東方の海上に聳える碣石《けっせき》の岩礁には、始皇帝を顕彰した文字を刻した痕跡があるのかどうか。碣石刻石の文章は司馬遷が『史記』に記録しているが、海上にある石だけに、調査されたということは聞かない。表面は浪に洗われて摩滅しているだろうが、なんらかの痕跡を見いだせるのではないか。七つの顕彰刻石以外にも顕彰文が残されているのかどうか、とくに後世の『水経注』に記述されているように、東海に浮かぶ秦山島に秦始皇碑のある可能性が大きい。始皇帝が巡行の途上、泗水で発見した周の鼎は、引き上げに失敗したが、泗水の底には実際に埋もれている可能性もないわけではない。場所は現在の江蘇省徐州付近、ここには泗水ではなく廃黄河が流れている。廃黄河とは、明代に黄河が山東丘陵の南に淮水まで流れたときの河道である。古代の泗水の河道に黄河が流れたということは、黄河に含まれる大量の泥土が河底に堆積していることになる。その堆積した泥土のなかに周鼎が埋もれている可能性もないわけではない。一九九九年、始皇帝陵東南の地中から特大の青銅製の鼎が一つ出土した。三足の円鼎で直径七〇センチ、重さも三一二キロある。秦のものでこれだけの大きなものは例がない。模様は素朴だが、とにかく始皇帝陵区から出土したことで価値がある。もちろんこの鼎は、秦が求めていた周鼎ではないが、鼎がまだまだ地中に埋もれていることは間違いない。そして何よりもいつか始皇帝陵が発掘されたときにこそ、数多くの始皇帝伝説が一気に史実に近づくことであろう。

　筆者自身始皇帝の伝説を追って中国全土を回ったときに、いろいろな発見があり、あらためて史料はこのように読むのかということを感じた。同じ文章でも、読み手によってこうも変わるのかと自覚したのである。このことは重要である。始皇帝を儒者の立場で批判すれば、あらたな始皇帝神話が生まれてくるであろうし、権力者始皇帝を肯定的に評価しようとすれば、『史記』の文章もそのような立場から読むことができよう。本書で扱ってきた内容は、そのようなことへの戒めであったが、もちろん視点のない読み方などできない。筆者も一つの立場で始皇帝伝説の史実を追ってきたのかもしれない。

空間的に史跡を調査することは可能でも、時間を超えて同時代に戻るわけにはいかない。私たちは残された同時代史料や後世の史料から、始皇帝の時代をさぐるしかない。もし同時代に身をおくことができたならば、空間的な調査でいろいろな発見があった以上に、私たちが思いも寄らないその時代の雰囲気に接することができるであろう。歴史という学問は、その時代にできるだけ立ち戻ろうという努力をしているが、それがどの程度まで、近づいているのかはわからない。もしかしたら、それでも歴史家の片思いで過去の時代を見ているかもしれない。二二〇〇年という時間の隔たりを何とか超え、始皇帝の実像に迫ろうとすることが、本書の目標であった。

あとがき

中国古代帝国の歴史に関心を持ちはじめたのは、学部学生のときに木村正雄先生の講義を聴くなかで、そのスケールの大きさに魅せられたからである。第二次農地や斉民制の理論から、広大な中国の地域差を統計的に読み解いていく研究に引かれた。専制権力を支える地盤が、広大な黄河流域の平原に広がる第二次農地にあり、そこには国家権力による治水潅漑事業に頼らざるをえない都市が成立した。大学院に進学した後は、西嶋定生先生から、秦漢史のより綿密な研究の指導を得、漢代豪族の地域性を主題に修士論文を完成させた。西嶋先生の二十等爵制論は、皇帝権力と在地の共同体の関係を見事に描き出した中国古代帝国論であり、木村先生の理論とあわせて、その実証をふまえた理論の大きさに圧倒され続けた。膨大な資料をカードにとり、漢代豪族の地域的性格を明らかにした仕事も、お二人の研究を自分なりに受け継いだものと自覚している。

その後、その豪族の地域分布に関係する資料をもって訪中し、文献資料から得た結果を現地で確認する作業を始めた。中国社会科学院歴史研究所の林甘泉先生からは、中国における秦漢史研究を学ぶ一方、全国の遺跡を自由に回れる手配を快くしていただいた。中国の研究者との議論は、緊張と刺激の毎日であった。その秋に西安に滞在したことが、秦史と始皇帝への関心をもつ転機となった。遺跡を歩くうちに、始皇帝の統一事業という通説化した問題に少しずつ疑念をもち始めたのである。一見革新的な秦の統一事業には、春秋戦国時代以来の秦からの伝統を継続している側面があり、また一方で漢王朝の立場で始皇帝を虚像化していった側面を見いだせる。これは別に意図的、恣意的というよりは、歴史というものがそもそものようなものであったのだ。過去から学ぶのは現在のためであるので、統一時には過去からの断絶を強調するために皇帝制、郡県制を強調し、漢代には秦の短命政権を反面教師として学ぶために暴君始皇帝の反儒教性を強調したのである。同時代の出土資料は正直であり、こうした歴史の読みとりとは異なる実像を私たちに訴えている。そこで統一事業を前後の時代からはさみこんで再考するなかで、新しい秦史研究の方向をさぐっていった。そのためにはとにかく関連する史跡をこの一五年間歩き回った。咸陽、始皇帝陵からはじめ、始皇帝の巡行経路をへて、最後は黄土高原の調査である。博士論文『秦帝国の形成と地域』はその成果であり、本書はそのなかから始皇帝像の伝説と史実をテーマに書き下ろしたものである。

執筆しながら、すでに故人となってしまった先生方の顔が浮かんできた。西嶋先生には始皇帝に関する論文を発表するごとに、いろいろな批判と激励をいただいた。しかしながらすでに他界した先生には残念ながら本書をお見せすることはできなかった。先生の始皇帝論はいつも筆者の論点の拠り所であった。高原勢力が東方の平原を支配したという秦帝国の側面に気づいたのは、私が学部卒業後にすぐに亡くなられた木村正雄先生から学んだことが大きい。そしてまた今年逝去された陝西師範大学の史念海先生との黄土高原の調査からは、文献資料と遺跡、地理との密接な関係を学ぶことができた。先生からは歴史の舞台を歩き、そこから歴史を読み解いていくことの楽しさを教えていただいた。

また最後に、吉川弘文館編集部には、原稿の遅れにもかかわらずたえず励ましていただいたことに、謝意を表したい。

二〇〇一年八月

鶴間和幸

関係年表

*秦は戦国以降、顓頊暦《せんぎょくれき》を用い、一〇月を年始、九月を年末としていた。

〔年次〕	〔西暦〕	〔始皇帝年齢〕	〔事　項〕
昭襄王四八	前二五九	一	嬴政（始皇帝）、趙の都邯鄲で生まれる
同　五二	前二五五	五	秦、周を滅ぼす
同　五六	前二五一	九	昭襄王死去
孝文王　元（実際は荘襄王元か）	前二五〇	一〇	祖父孝文王即位するも三日後に死去。子楚即位する（荘襄王）
荘襄王　元	前二四九	一一	王齕に上党を伐たせ太原郡を置く。呂不韋相国となる
同　三	前二四七	一三	荘襄王が死去、政が即位する
秦王政　元（始皇元）	前二四六	一四	酈山陵と鄭国渠の造営を始める
同　三	前二四四	一六	蒙驁、韓を攻める。大飢饉起こる
同　四	前二四三	一七	天下に疫病が広がる
同　五	前二四二	一八	蒙驁、魏を攻める
同　六	前二四一	一九	韓魏趙衛楚の五国軍が秦を攻撃する
同　九	前二三八	二二	王はじめて戴冠、帯剣する。嫪毐の乱起こる
同　一〇	前二三七	二三	逐客令に対して李斯が反対の演説をする

同　一一　前二三六　二四　呂不韋罷免され、秦王、母の太后を咸陽に戻す
同　一二　前二三五　二五　呂不韋自殺する
同　一三　前二三四　二六　桓齮、趙の平陽を攻め、斬首一〇万。秦王政、河南にゆく
同　一四　前二三三　二七　韓非、秦を訪れるが、自殺させられる
同　一五　前二三二　二八　大規模な軍事行動に出る
同　一六　前二三一　二九　男子に年齢を自己申告させる。麗邑を置く
同　一七　前二三〇　三〇　内史騰、韓を攻め、韓王安を捕らえる（韓滅亡）。華陽太后死去。大飢饉起こる
同　一八　前二二九　三一　大規模な軍事行動に出、趙を攻撃する
同　一九　前二二八　三二　秦王政、邯鄲に行き、趙王遷を虜とし、趙の母家と恨みのある者を穴埋めにする。趙の公子嘉、逃れて代王となる（趙滅亡か）。始皇帝の母太后死去する。大飢饉起こる
同　二〇　前二二七　三三　荆軻による暗殺未遂事件起こる。王翦と辛勝に、燕を攻めさせる。
同　二一　前二二六　三四　四月に南郡守、「語書」を管轄下に発布し治安を整える
王翦、燕太子の軍を破って燕の薊城を取り、太子丹の首を得る。韓王死去（編年記）
同　二二　前二二五　三五　王賁、魏を攻めて魏王仮を虜とし、河溝を引いて大梁城を水攻めにする（魏滅亡）

同　二三　前二二四　三六　王翦に楚を攻撃させ楚王負芻を捕虜にす。秦王政、郢陳に行く。楚の将軍項燕が昌平君を立てて楚王となる

同　二四　前二二三　三七　王翦と蒙武が楚を攻め楚軍を破る（楚滅亡）。昌平君死去し、項燕自殺する。二月辛巳、黒夫と驚が故郷に書簡を出し、そのなかで淮陽で楚の城を攻略中という（睡虎地秦墓出土木牘）

同　二五　前二二二　三八　大規模な軍事行動に出、燕の遼東を攻め、燕王喜を捕らえる（燕滅亡）。代を攻め代王嘉を捕虜にする（六国年表は趙滅亡とする）。王翦が楚の江南の地を平定し、越君を降伏させ、会稽郡を置く。五月、天下に宴会を行わせる

同　二六　前二二一　三九　斉王建を捕らえて斉を滅ぼし、天下統一。皇帝号を称す。水徳を採用し一〇月歳首、黒、六を尊び、黄河を徳水と呼ぶ。全国に三六郡を置き郡県制を実施、民を黔首と改称。天下に宴会を行わせる。全国の武器を咸陽に集め溶かして鍾鐻・金人一二体を造る（徳水、金人、黔首、文書、三六郡の記事は六国年表では翌年）。度量衡、車軌、文字（文書）を統一。天下の豪富一二万戸を咸陽に移す。六国の諸侯の宮殿に倣って咸陽北に造り、咸陽周辺の宮殿は複道、周閣で結ぶ。諸侯の美人、鍾鼓を奪って咸陽周辺の宮殿に収める

同　二七　前二二〇　四〇　秦の故地に向かう（第一回巡行）。信宮を渭水南に造り極廟とし天

極を象る（六国年表は翌年）。極廟から驪山につなげ甘泉前殿を造り、甬道を築いて咸陽とつなげる。馳道を造る（六国年表は翌年）

同　二八　前二一九　四一　第二回巡行、鄒嶧山に登り刻石して秦の徳を頌う。泰山と梁山で封禅、泰山に刻石。之罘山に登り石を立てて秦徳を頌う。琅邪台に黔首三万戸を移し、秦の徳を称えて刻石を立てる。徐市（福）に童男女数千人を派遣して入海し仙人を求めさせる。泗水から周鼎を千人を使って引き上げようしたが失敗する。湘山祠で大風に逢い、始皇帝は刑徒三〇〇〇人に湘山の樹を伐採させる

同　二九　前二一八　四二　第三回巡行、陽武博浪沙で盗賊に襲われる。之罘に登り刻石を残す

同　三〇　前二一七　四三　『史記』秦始皇本紀は「事無し」とし、六国年表にも何の記事も見えない

同　三一　前二一六　四四　黔首（人民）の田地を官に申告させた。臘（一二月）を嘉平と改め、黔首に里ごとに六石の米と二匹の羊を賜与。始皇帝、武士四人と咸陽周辺を秘かに歩き、蘭池で盗賊に逢う。米の一石の価格一六〇〇銭になる

同　三二　前二一五　四五　始皇帝碣石に行き燕人盧生に仙人を求めさせ、碣石門に刻す（第四回巡行）。全国の城郭を壊し堤防を決通させる（実際は統一時のことか）。韓終、侯公、石生に仙人の不死の薬を求めさせた。盧生

同　三三	前二一四	四六	「秦を亡す者は胡なり」という録図書を奏上する。将軍蒙恬三〇万の兵を発して匈奴を撃ち、河南の地を奪い取る 陸梁の地を取り桂林、象、南海の三郡を置く。匈奴を伐ち楡中から黄河に沿って陰山まで三四（四四）県を置く。蒙恬に高闕、陽山、北假中を取らせ、亭障を築く
同　三四	前二一三	四七	不正を働いた獄吏に長城と南方越の地の砦を築かせる（万里の長城の建設）。咸陽宮で宴を開き、博士七〇人が祝いを述べる。僕射周青臣の郡県論と、斉人淳于越の封建論が出される。李斯、焚書令を提言し、認められる
同　三五	前二一二	四八	九原から雲陽まで直道を建設。阿房宮を渭水南に建設しはじめる。刑徒七十数万人を阿房宮と酈山陵の建設に従事させる。東海の朐県境界に石を立て東門とする。三万家を麗邑に移し、五万家を雲陽に移す。自らを真人と呼び、咸陽二〇〇里以内の宮殿二七〇を復道と甬道でつなげて居所を秘密にする。咸陽の諸生で人民を惑わした者を四六〇数人捕らえて穴埋めにする（坑儒）。長子扶蘇、皇帝への諫言によって上郡に幽閉される
同　三六	前二一一	四九	熒惑（火星）が心宿（さそり座）に止まる（天文計算では前二一〇年）。隕石が東郡に落ち、石に「始皇帝死して地分る」と刻する者

				が現れる。博士に仙真人の詩を作らせる。「今年祖竜死す」との予言がある。北河、楡中に三万家を移し、爵位一級を与える
同	三七	前二一〇	五〇	一〇月、巡行に出発する。一一月、雲夢に行き虞舜を九疑山に望祀する。会稽山に登り大禹を祭り、南海を望んで石に刻する。始皇帝、海神と戦う夢を見、之罘で巨魚を射殺する。平原津で病気となる。七月丙寅、始皇帝沙丘平台で死去する。胡亥、趙高、李斯ら新たに胡亥を太子とする沙丘の遺詔を偽作する。扶蘇と蒙恬に死罪を偽って言い渡す。始皇帝の遺体が咸陽に戻る。太子胡亥即位して二世皇帝となる。また銭を行う（貨幣の発行）。九月、始皇帝を酈山に埋葬する
二世皇帝元		前二〇九		一二月、阿房宮の工事を行う。春、二世皇帝巡行し、李斯が同行する。始皇帝の刻石に追刻し、先帝の統一事業の功績を明らかにする。四月、咸陽に戻り、酈山の復土作業がほぼ終了し、阿房宮の工事を再開する。二世皇帝、大臣、諸公子を殺し、近臣の官を逮捕する。七月、陳渉・呉広らが挙兵
同	二	前二〇八		陳渉の軍を迎え撃つために、酈山陵工事の刑徒に武器を与える
同	三	前二〇七		趙高丞相となり、李斯を殺す。趙高、二世皇帝を望夷宮で殺す。二世の兄の子、子嬰秦王として立ち、趙高を殺す

漢　元　前二〇六　一〇月、子嬰、沛公劉邦に降る。一二月、子嬰、項羽に殺され、咸陽の宮殿が焼かれる。秦滅亡する

著者紹介

一九五〇年、東京都に生まれる
一九七四年、東京教育大学文学部史学科東洋史専攻卒業
一九八〇年、東京大学大学院人文科学研究科博士課程単位取得満期退学　博士（文学）
現在、学習院大学文学部教授

主要著書
秦漢帝国へのアプローチ　始皇帝の地下帝国　黄河文明への挽歌〈訳著〉　四大文明　中国〈編著〉　中華の形成と東方世界〈編著〉

歴史文化ライブラリー
132

秦の始皇帝
伝説と史実のはざま

二〇〇一年（平成十三）十二月一日　第一刷発行

著　者　鶴《つる》間《ま》和《かず》幸《ゆき》
発行者　林　英男
発行所　株式会社　吉川弘文館
東京都文京区本郷七丁目二番八号
郵便番号一一三―〇〇三三
電話〇三―三八一三―九一五一〈代表〉
振替口座〇〇一〇〇―五―二四四
印刷＝平文社　製本＝ナショナル製本
装幀＝山崎　登

歴史文化ライブラリー

1996.10

刊行のことば

現今の日本および国際社会は、さまざまな面で大変動の時代を迎えておりますが、近づきつつある二十一世紀は人類史の到達点として、物質的な繁栄のみならず文化や自然・社会環境を謳歌できる平和な社会でなければなりません。しかしながら高度成長・技術革新にともなう急激な変貌は「自己本位な刹那主義」の風潮を生みだし、先人が築いてきた歴史や文化に学ぶ余裕もなく、いまだ明るい人類の将来が展望できていないようにも見えます。このような状況を踏まえ、よりよい二十一世紀社会を築くために、人類誕生から現在に至る「人類の遺産・教訓」としてのあらゆる分野の歴史と文化を「歴史文化ライブラリー」として刊行することといたしました。

小社は、安政四年(一八五七)の創業以来、一貫して歴史学を中心とした専門出版社として書籍を刊行しつづけてまいりました。その経験を生かし、学問成果にもとづいた本叢書を刊行し社会的要請に応えて行きたいと考えております。

現代は、マスメディアが発達した高度情報化社会といわれますが、私どもはあくまでも活字を主体とした出版こそ、ものの本質を考える基礎と信じ、本叢書をとおして社会に訴えてまいりたいと思います。これから生まれでる一冊一冊が、それぞれの読者を知的冒険の旅へと誘い、希望に満ちた人類の未来を構築する糧となれば幸いです。

吉川弘文館

〈オンデマンド版〉
秦の始皇帝
伝説と史実のはざま

On Demand
歴史文化ライブラリー
132

2018年（平成30）10月1日　発行

著　者　鶴《つる》間《ま》和《かず》幸《ゆき》
発行者　吉川道郎
発行所　株式会社　吉川弘文館
〒113-0033　東京都文京区本郷7丁目2番8号
TEL　03-3813-9151〈代表〉
URL　http://www.yoshikawa-k.co.jp/

印刷・製本　大日本印刷株式会社
装　幀　清水良洋・宮崎萌美

鶴間和幸（1950～）

ISBN978-4-642-75532-0